वार्षिक मुहूर्त -2026

गर्भधारण

के सर्वोत्तम दिन

प्रथम संस्करण : 2026
प्रथम मुद्रण : 2026

लेखक
सुशील कुमार

प्रथम संस्करण: 2026
भाषा: हिंदी
संपर्क: [मोबाइल +91-9899805834]

ज्योतिषाचार्य - सुशील कुमार

ज्योतिषाचार्य सुशील कुमार एक अनुभवी वैदिक ज्योतिषी हैं, जिन्हें ज्योतिष और गर्भधारण मुहूर्त के क्षेत्र में लगभग 17 वर्षों का अनुभव है।

उन्होंने अपने अध्ययन और अनुभव के आधार पर हजारों लोगों को संतान प्राप्ति, संतान योग, कुंडली विश्लेषण तथा गर्भधारण के शुभ मुहूर्त के विषय में मार्गदर्शन प्रदान किया है।

ज्योतिष के साथ-साथ वे गर्भधारण से संबंधित आध्यात्मिक, मानसिक और पारंपरिक पहलुओं का भी गहन अध्ययन करते रहे हैं।

इस पुस्तक के माध्यम से उन्होंने गर्भधारण मुहूर्त व प्राचीन ज्योतिषीय ज्ञान को सरल रूप में प्रस्तुत करने का प्रयास किया है, ताकि अधिक से अधिक लोग इसका लाभ उठा सकें।

अपनी जन्म कुंडली विश्लेषण / गर्भधारण मुहूर्त/ गर्भधारण हेतु शुभ वर्ष/ गर्भधारण का रोड मैप हेतु संपर्क करें !

ज्योतिष आचार्य :- सुशील कुमार
whatsapp:- +91-9899805834
gmail:-sushilnirman@gmail.com

भूमिका (Introduction)

भारतीय परंपरा में गर्भधारण केवल एक शारीरिक प्रक्रिया नहीं, बल्कि एक दिव्य संस्कार माना गया है—जहाँ चेतना, संस्कार और ब्रह्मांडीय ऊर्जा मिलकर आने वाली संतान के व्यक्तित्व और भविष्य की नींव रखते हैं।

हमारे ऋषि-मुनियों ने बताया है कि गर्भधारण का समय, ग्रह-नक्षत्र, वातावरण और माता-पिता की मानसिक अवस्था संतान के गुणों पर गहरा प्रभाव डालते हैं।

यह पुस्तक उसी प्राचीन ज्ञान को सरल और आधुनिक शैली में प्रस्तुत करती है। इसमें श्रेष्ठ गर्भधारण मुहूर्त, शुभ तिथि, नक्षत्र, लग्न और आवश्यक नियमों का व्यवस्थित मार्गदर्शन दिया गया है, ताकि आप स्वस्थ, तेजस्वी, संस्कारी और उज्ज्वल भविष्य वाली संतान के लिए सही समय और सही दिशा का चयन कर सकें।

यह केवल एक पुस्तक नहीं, बल्कि श्रेष्ठ संतान निर्माण की एक आध्यात्मिक और ज्योतिषीय मार्गदर्शिका है।

⚠️ DISCLAIMER

यह पुस्तक " गर्भाधान के सर्वोत्तम दिन -2026 " पूर्णतः पारंपरिक ज्योतिषीय सिद्धांतों, पंचांग गणना, शास्त्रों और मान्यताओं पर आधारित है। इसका उद्देश्य केवल शैक्षणिक, सूचना एवं मार्गदर्शन प्रदान करना है।

इस पुस्तक में दिए गए सभी मुहूर्त, नक्षत्र, तिथि एवं समय सामान्य ज्योतिषीय नियमों और पारंपरिक गणनाओं के आधार पर प्रस्तुत किए गए हैं।

ये सामान्य मार्गदर्शन के लिए हैं और हर व्यक्ति की व्यक्तिगत कुंडली (Birth Chart) के अनुसार परिणाम भिन्न हो सकते हैं।

⚠️ परिणामों की कोई गारंटी नहीं

इस पुस्तक में दी गई जानकारी के आधार पर किसी भी प्रकार के परिणाम जैसे: संतान का लिंग (पुत्र/पुत्री), संतान का स्वास्थ्य भविष्य, स्वभाव या सफलता की कोई 100% गारंटी नहीं दी जाती है।

हर व्यक्ति की कुंडली, ग्रह दशा, स्वास्थ्य स्थिति, मानसिक अवस्था अलग होती है, इसलिए इस पुस्तक में दिए गए मुहूर्त सभी पर समान रूप से लागू नहीं हो सकते।

चिकित्सा परामर्श (Medical Disclaimer)
यह पुस्तक किसी भी प्रकार से चिकित्सकीय (medical), वैज्ञानिक या स्वास्थ्य संबंधी सलाह का विकल्प नहीं है।
गर्भधारण, प्रजनन स्वास्थ्य या किसी भी शारीरिक प्रक्रिया से संबंधित निर्णय लेने से पहले,
कृपया योग्य डॉक्टर या चिकित्सा विशेषज्ञ से परामर्श अवश्य लें।

⚖️ कानूनी अस्वीकरण (Legal Liability)

लेखक, प्रकाशक या संबंधित व्यक्ति इस पुस्तक की जानकारी के उपयोग से उत्पन्न किसी भी प्रत्यक्ष या अप्रत्यक्ष हानि शारीरिक, मानसिक या आर्थिक नुकसान निर्णय के परिणाम के लिए उत्तरदायी नहीं होंगे।

🙏 आस्था एवं विश्वास

ज्योतिष एक आस्था और परंपरा पर आधारित ज्ञान है।
पाठकों से अपेक्षा की जाती है कि वे इस पुस्तक को सहायक मार्गदर्शन के रूप में लें, न कि अंतिम और पूर्ण सत्य के रूप में।

📌 उपयोग की शर्तें

इस पुस्तक की सामग्री का उपयोग पाठक अपने विवेक और जिम्मेदारी के साथ करें।
किसी भी महत्वपूर्ण निर्णय के लिए स्वतंत्र विचार और विशेषज्ञ सलाह लेना आवश्यक है।

अनुसूची

खण्ड - 1

गर्भधारण के सर्वोत्तम मुहूर्त के नियम

खण्ड - 2
2026 में गर्भधारण के सर्वोत्तम मुहूर्त

खण्ड 1

गर्भधारण के सर्वोत्तम मुहूर्त के नियम

अध्याय - 01

गर्भधारण में शुभ-अशुभ तिथियाँ

भारतीय परंपरा और ज्योतिष शास्त्र में गर्भधारण के लिए कुछ तिथियाँ शुभ और कुछ अशुभ मानी जाती हैं। यह मान्यता मुख्य रूप से गरुड़ पुराण, मनुस्मृति, ज्योतिष शास्त्र और धर्मशास्त्र जैसे ग्रंथों में वर्णित है।

गर्भधारण के लिए शुभ तिथियाँ:
इन तिथियों को सामान्यतः अनुकूल माना जाता है:
द्वितीया, तृतीया, चतुर्थी, पंचमी, षष्ठी, सप्तमी, नवमी, दशमी, द्वादशी, त्रयोदशी!
इन तिथियों में गर्भधारण को स्वस्थ, तेजस्वी और सौभाग्यशाली संतान के लिए अच्छा माना जाता है।

गर्भधारण के लिए अशुभ तिथियाँ:
इन तिथियों से सामान्यतः बचने की सलाह दी जाती है:
प्रतिपदा, अष्टमी, चतुर्दशी,अमावस्या, पूर्णिमा!
इन तिथियों को कई परंपराओं में मानसिक अशांति या स्वास्थ्य संबंधी समस्याओं की आशंका से जोड़ा जाता है!
विवाहित दंपत्ति को संयम-नियम से रहना चाहिए ,गर्भधारण से 3 महीने पूर्व ही ब्रह्मचर्य का पालन करना आरंभ कर देना चाहिए , ऐसा करने वीर्य पुष्ट होता होता और होने वाली संतान संयमी,

तेज़स्वी, विवेकशील होती है! इसके विपरीत करने से संतान तेजहीन, संयमहीन होती है !

सभी पक्षों की अमावस्या, पूर्णिमा, चतुर्दशी और अष्टमी-इन सभी तिथियों में स्त्री समागम करने से नीच योनि एवं नरकों की प्राप्ति होती है।

(महाभारत, अनुशासन पर्व, दानधर्म पर्वः 104.29.30)

दिन के समय और दोनों संध्याओं के समय जो व्यक्ति सोता है या स्त्री-सहवास करता है, वह व्यक्ति 7 जन्मों तक रोगी और दरिद्र होता है।

(ब्रह्मवैवर्त पुराण, श्रीकृष्णजन्म खंडः 75.80)

निषिद्ध रात्रियाँ- पूर्णिमा, अमावस्या, प्रतिपदा, अष्टमी, एकादशी, चतुर्दशी, सूर्यग्रहण, चंद्रगहण, उत्तरायण, जन्माष्टमी, रामनवमी, होली, शिवरात्रि, नवरात्रि आदि पर्वों की रात्रि, श्राद्ध के दिन, चतुर्मास, प्रदोषकाल, क्षयतिथि (दो तिथियों का समन्वय काल) एवं मासिक धर्म के चार दिन समागम नहीं करना चाहिए। शास्त्रवर्णित मर्यादाओं का उल्लंघन नहीं करना चाहिए।

माता-पिता की मृत्युतिथि, स्वयं की जन्मतिथि, नक्षत्रों की संधि (दो नक्षत्रों के बीच का समय) तथा अश्विनी, रेवती, भरणी, मघा मूल इन नक्षत्रों में समागम वर्जित है।

(प्रश्नोपनिषद् 1.13)

परस्त्री सेवन से मनुष्य की आयु जल्दी ही समाप्त हो जाती है। इसलिए किसी भी वर्ण के पुरुष को परायी स्त्री से संसर्ग नहीं करना चाहिए। इसके समान आयु को नष्ट करने वाला संसार में दूसरा कोई कार्य नहीं है। स्त्रियों के शरीर में जितने रोमकूप होते हैं उतने ही हजार वर्षों तक व्यभिचारी पुरुषों को नरक में रहना पड़ता है।

अध्याय - 02

गर्भधारण में सर्वोत्तम लग्न का विचार

भारतीय परंपरा में ज्योतिष शास्त्र के अनुसार गर्भधारण के समय शुभ लग्न का विचार भी किया जाता है। यह मान्यता है कि जिस समय गर्भधारण होता है, उस समय का लग्न बच्चे के स्वभाव स्वास्थ्य व भाग्य पर प्रभाव डालता है! गर्भधारण के समय जो राशि पूर्व दिशा में उदय होता है उसे गर्भाधान लग्न कहतें हैं !

गर्भधारण के लिए शुभ लग्न जाते हैं: वृषभ लग्न, कर्क लग्न, सिंह लग्न, कन्या, तुला लग्न, धनु लग्न, मीन लग्न

इन लग्नों में गर्भधारण को स्वस्थ, बुद्धिमान और सौभाग्यशाली संतान के लिए शुभ माना जाता है।

लग्न जो गर्भधारण के लिए कम अनुकूल माने जाते हैं: मेष लग्न, मिथुन लग्न, वृश्चिक, मकर लग्न, कुंभ लग्न !

इच्छित संतान हेतु लग्न का चुनाव

शास्त्रों में पुरुष लग्न में गर्भधारण करने से पुत्र प्राप्ति व स्त्री लग्न में गर्भधारण करने से पुत्री प्राप्ति होना संभव बताया गया है !

पुरुष लग्न :- विषम लग्न अर्थात मेष, मिथुन, सिंह, तुला, धनु, कुम्भ !

स्त्री लग्न:- सम लग्न अर्थात वर्षभ, कर्क, कन्या, वृश्चिक, मकर, मीन !

12 लग्नों के अनुसार उत्तम संतान हेतु मुहूर्त विचार

महत्वपूर्ण नियम:

गर्भाधान के समय जो चलित लग्न/ मुहूर्त लग्न/ उदय लग् होता है, उसका संतान पर सूक्ष्म प्रभाव माना जाता है। इस लग्न को गर्भाधान लग्न भी कहतें हैं! इससे संतान का स्वभाव आदि महत्तवपूर्ण तत्त्व निश्चित होतें हैं ! इसलिए नीचे दी गई तालिका "गर्भाधान के समय का लग्न" मानकर बनाई गई है। आप जैसे गुण-स्वभाव अपनी संतान में चाहतें हैं वैसा गर्भधान लग्न चुन सकतें हैं !

1) **मेष लग्न** में गर्भाधान करने से निम्नलिखित संभावित गुणों वाली संतान होगी :-तेजस्वी, साहसी, नेतृत्व क्षमता, ऊर्जावान आत्मविश्वासी, कभी-कभी जिद्दी / उग्र

उत्तम संतान हेतु मेष लग्न कब चुनें?गोचर में यदि निम्नलिखित ग्रह स्थिति हो तो श्रेष्ठ होगा :गुरु शुभ हो, चंद्रमा बलवान हो, मंगल पीड़ित न हो

श्रेष्ठ नक्षत्र:-अश्विनी, मृगशिरा, पुनर्वसु, पुष्य, उत्तराफाल्गुनी

श्रेष्ठ वार:-सोमवार, गुरुवार, शुक्रवार

श्रेष्ठ तिथियाँ:-द्वितीया, पंचमी, षष्ठी, दशमी, एकादशी

मेष लग्न में गर्भधारण करने से संतान होगी:- वीर, आत्मविश्वासी, एक्टिव, नेतृत्वशील !

मेष लग्न में गर्भधारण करते समय निम्नलिखित ग्रह योग से बचें :-मंगल/शनि/राहु का लग्न या 5वें भाव पर भारी प्रभाव होना !

2) **वृषभ लग्न** में गर्भाधान करने से निम्नलिखित संभावित गुणों वाली संतान होती है :-सुंदर, शांत, संस्कारी, स्थिर, धैर्यवान, कला/संगीत रुचि

वृषभ लग्न को गर्भधारण के लिए उत्तम संतान हेतु कब चुनें? यदि गोचर में निम्नलिखित ग्रह स्थिति हो तो श्रेष्ठ होगा :

शुक्र शुभ हो, बुध अच्छा हो, चंद्रमा स्थिर हो
श्रेष्ठ नक्षत्र-रोहिणी, मृगशिरा, हस्त, रेवती, श्रवण!
श्रेष्ठ वार:-शुक्रवार, बुधवार, सोमवार
श्रेष्ठ तिथियाँ:-तृतीया, पंचमी, सप्तमी, दशमी, द्वादशी
विशेष फल
वृषभ लग्न में गर्भधारण से :-सुंदर, मधुर, विनम्र, स्थिर और पारिवारिक संतान होती है!
वृषभ लग्न में गर्भधारण करते समय निम्नलिखित स्थिति नहीं बननी चाहिए :राहु/केतु 1st या 5th भाव में,

3) **<u>मिथुन लग्न</u>** में गर्भाधान करने से निम्नलिखित संभावित गुणों वाली संतान होती है:-बुद्धिमान, बोलने में तेज, पढ़ाई में अच्छा कम्युनिकेशन स्किल्स, बहु-प्रतिभाशाली, चंचल
उत्तम संतान हेतु मिथुन लग्न कब चुनें?
यदि गोचर में निम्नलिखित ग्रह स्थिति बने:-बुध मजबूत हो, गुरु शुभ दृष्टि दे, चंद्रमा पीड़ित न हो
श्रेष्ठ नक्षत्र:-मृगशिरा, पुनर्वसु, हस्त, स्वाती, रेवती
श्रेष्ठ वार:-बुधवार, गुरुवार, सोमवार
श्रेष्ठ तिथियाँ:-द्वितीया, पंचमी, षष्ठी, दशमी, त्रयोदशी
मिथुन लग्न में गर्भधारण के विशेष फल:- सन्तान इंटेलिजेंट, वाक्-कुशल, पढ़ाई में तेज, बहु-गुणी होगी!
मिथुन लग्न में गर्भधारण के समय निम्नलिखित ग्रह स्थिति नहीं होनी चाहिए :-बुध अस्त/पीड़ित, चंद्रमा 8वें भाव में

4) **<u>कर्क लग्न</u>** में गर्भाधान करने से निम्नलिखित संभावित गुणों वाली संतान होती है :-भावुक, करुणाशील
धार्मिक, परिवारप्रिय, अंतर्ज्ञानी, गहरी भावनाएँ

उत्तम संतान हेतु कर्क लग्न कब चुनें?
जब गोचर में निम्नलिखित स्थिति बनी हो :चंद्रमा मजबूत हो, गुरु शुभ हो, मंगल तीव्र न हो!
श्रेष्ठ नक्षत्र:-पुष्य, पुनर्वसु, रोहिणी, श्रवण, रेवती
श्रेष्ठ वार:- सोमवार, गुरुवार, शुक्रवार
श्रेष्ठ तिथियाँ:-द्वितीया, पंचमी, सप्तमी, एकादशी, द्वादशी
कर्क लग्न में गर्भधारण के विशेष फल:- संतान संस्कारी, संवेदनशील, मातृभक्त, भावनात्मक रूप से गहरी होती है!
कर्क लग्न में गर्भधारण के समय निम्नलिखि ग्रह स्थति नहीं होनी चाहिए :-चंद्रमा पर राहु/शनि/केतु की पीड़ा!

5) <u>**सिंह लग्न**</u> में गर्भाधान होने से निम्नलिखित संभावित गुणों वाली संतान होती है:-तेजस्वी, प्रतिष्ठित, आत्मगौरव, नेतृत्वशील प्रभावशाली, उच्च महत्वाकांक्षा!
उत्तम संतान हेतु कब चुनें?
सिंह लग्न में गर्भाधान करते समय ग्रह स्थिति ऐसी हो तो श्रेष्ठ है :-सूर्य शुभ हो, गुरु मजबूत हो,चंद्रमा शुभ नक्षत्र में हो!
श्रेष्ठ नक्षत्र:-उत्तराफाल्गुनी, पुष्य, अनुराधा, श्रवण, रेवती!
श्रेष्ठ वार:-रविवार, गुरुवार, सोमवार
श्रेष्ठ तिथियाँ:-पंचमी, षष्ठी, दशमी, एकादशी, त्रयोदशी
सिंह लग्न में गर्भाधान करने के विशेष फल:- संतान प्रतिष्ठित, आत्मविश्वासी, नेतृत्वकारी, तेजवान होती है!
सिंह लग्न में गर्भाधान करते समय ऐसी स्थिति न हो:-
सूर्य कमजोर/अस्त, शनि 5वें भाव पर भारी!

6) **कन्या लग्न** में गर्भाधान होने से इस प्रकार की संतान होती है:- संभावित संतान के गुण:-पढ़ाकू, विश्लेषक, अनुशासित,

तर्कशील, व्यवस्थित, पूर्णतावादी
उत्तम संतान कन्या लग्न कब चुनें?- जब गोचर में ऐसी ग्रह स्थिति बनी हो:-बुध मजबूत हो, शनि संतुलित हो, गुरु शुभ दृष्टि दे!
श्रेष्ठ नक्षत्र:-हस्त, श्रवण, उत्तराषाढ़ा, रेवती, पुनर्वसु!
श्रेष्ठ वार:-बुधवार, गुरुवार, सोमवार
श्रेष्ठ तिथियाँ:-तृतीया, पंचमी, सप्तमी, दशमी, द्वादशी
कन्या लग्न में गर्भाधान करने से संतान बुद्धिमान, व्यवस्थित, अध्ययनशील, विवेकवान होती है!
कन्या लग्न में गर्भाधान करते समय ऐसी ग्रह स्थिति न हो:-
बुध पीड़ित, राहु 5वें भाव में!

7) **तुला लग्न** में गर्भाधान होने से संभावित गुणों वाली संतान होती है :-सुंदर, संतुलित, कलात्मक, सामाजिक, परिष्कृत , आकर्षक व्यक्तित्व .
तुला लग्न में उत्तम संतान हेतु कब चुनें?
यदि गोचर में निम्नलिखित स्थिति बने :-शुक्र शुभ हो, बुध अच्छा हो, चंद्रमा शांत हो
श्रेष्ठ नक्षत्र:-स्वाती, हस्त, रोहिणी, रेवती, अनुराधा
श्रेष्ठ वार:-शुक्रवार, बुधवार, सोमवार
श्रेष्ठ तिथियाँ:-तृतीया, पंचमी, सप्तमी, दशमी, एकादशी
तुला लग्न में गर्भधारण होने संतान में निम्नलिखित विशेष गुण मिलतें हैं:- सुंदर, कलात्मक, सामाजिक, संतुलित संतान
तुला लग्न में गर्भधारण के लिए गोचर में निम्नलिखित नहीं होनी चाहिए:-शुक्र पीड़ित, राहु/केतु लग्न पर

8) **वृश्चिक लग्न** में गर्भाधान होने से संभावित गुणों वाली संतान होती है :-गहरी सोच, रहस्यमय, मजबूत इच्छाशक्ति, शोधप्रिय

आध्यात्मिक झुकाव, तीव्र व्यक्तित्व
उत्तम संतान हेतु वृश्चिक लग्न कब चुनें? जब गोचर में निम्नलिखित स्थिति बने:-मंगल नियंत्रित हो, गुरु मजबूत हो, चंद्रमा शांत हो!
श्रेष्ठ नक्षत्र:-अनुराधा, पुष्य, पुनर्वसु, रेवती, श्रवण
श्रेष्ठ वार:-सोमवार, गुरुवार, शुक्रवार
श्रेष्ठ तिथियाँ:-द्वितीया, पंचमी, षष्ठी, एकादशी, द्वादशी
वृश्चिक लग्न में गर्भाधान होने से संतान गंभीर, गूढ़, शक्तिशाली, आध्यात्मिक, शोधप्रिय संतान होती है !
वृश्चिक लग्न में गर्भाधान करते समय गोचर में इस ग्रह स्थिति को बचाएँ :-मंगल + केतु का तीव्र प्रभाव, चंद्रमा पीड़ित!

9) **धनु लग्न** में गर्भाधान होने से संभावित गुणों वाली संतान होती है:-धार्मिक, भाग्यशाली, नैतिक, ज्ञानी, सकारात्मक, गुरु-स्वभाव!
उत्तम संतान हेतु कब चुनें?
यदि गोचर में इस प्रकार की ग्रह स्थिति बने तो श्रेष्ठ होगा :गुरु बलवान हो, सूर्य शुभ हो, चंद्रमा शांत हो
श्रेष्ठ नक्षत्र:-पुष्य, श्रवण, उत्तराषाढ़ा, रेवती, पुनर्वसु
श्रेष्ठ वार:-गुरुवार, सोमवार, रविवार
श्रेष्ठ तिथियाँ:-पंचमी, सप्तमी, दशमी, एकादशी, त्रयोदशी
धनु लग्न में गर्भाधान होने से संतान में इस प्रकार के विशेष फल होते है:- धार्मिक, भाग्यशाली, गुरु-स्वभाव, ज्ञानवान संतान
धनु लग्न में गर्भाधान करते समय ऐसी स्थिति न हो:- गुरु कमजोर, मंगल उग्र!

10) **मकर लग्न** में गर्भाधान होने से संभावित गुणों वाली संतान

होती है:-अनुशासित, मेहनती, धैर्यवान, व्यावहारिक, जिम्मेदार परिपक्व

मकर लग्न में उत्तम संतान हेतु गर्भाधान मुहूर्त कब चुनें?

जब गोचर में ऐसी ग्रह स्थिति बनी हो :शनि संतुलित हो, शुक्र शुभ हो, गुरु 5वें/9वें भाव को सहायता प्रदान करे!

श्रेष्ठ नक्षत्र:-श्रवण, रोहिणी, हस्त, रेवती, उत्तराषाढ़ा

श्रेष्ठ वार:-शुक्रवार, बुधवार, गुरुवार

श्रेष्ठ तिथियाँ:- तृतीया, पंचमी, सप्तमी, दशमी, द्वादशी

मकर लग्न में गर्भधारण होने से संतान के विशेष फल:- स्थिर, कर्मशील, अनुशासित, जिम्मेदार संतान

मकर लग्न में गर्भाधान करते समय ऐसी ग्रह स्थिति नहीं होनी चाहिए:- शनि अति कठोर, राहु 5वें भाव में !

11) **कुंभ लग्न** में गर्भाधान होने से संभावित गुणों वाली संतान होती है :-मौलिक सोच, बौद्धिक, मानवीय,अभिनव , विचारशील, अनुसंधान-उन्मुख

कुंभ लग्न में उत्तम संतान हेतु मुहूर्त कब चुनें?

जब गोचर में :शनि संतुलित हो, बुध अच्छा हो, गुरु शुभ दृष्टि दे

श्रेष्ठ नक्षत्र:-स्वाती, हस्त, पुनर्वसु, रेवती, धनिष्ठा

श्रेष्ठ वार:-बुधवार, गुरुवार, शुक्रवार

श्रेष्ठ तिथियाँ:-द्वितीया, पंचमी, षष्ठी, दशमी, एकादशी

कुंभ लग्न में गर्भाधान होने से संतान के विशेष गुण:- इंटेलिजेंट, मौलिक, वैज्ञानिक सोच वाली संतान

कुंभ लग्न में गर्भाधान करते समय ऐसी ग्रह स्थिति न हो:- राहु 5वें भाव/चंद्र पर, बुध पीड़ित!

12) **<u>मीन लग्न</u>** में गर्भाधान होने से संभावित गुणों वाली संतान होती है:-आध्यात्मिक, दयालु, अन्तर्मुखी, रचनात्मक, संस्कारी कोमल स्वभाव

मीन लग्न में गर्भाधान के लिए उत्तम संतान हेतु मुहूर्त कब चुनें?

जब गोचर में गुरु मजबूत हो, चंद्रमा शुभ हो,केतु की अधिक पीड़ा न हो!

श्रेष्ठ नक्षत्र:-रेवती, पुष्य, पुनर्वसु, रोहिणी, श्रवण

श्रेष्ठ वार:- गुरुवार, सोमवार, शुक्रवार

श्रेष्ठ तिथियाँ:-द्वितीया, पंचमी, सप्तमी, एकादशी, द्वादशी

मीन लग्न में गर्भाधान होने से संतान के श्रेष्ठ फल:- आध्यात्मिक, दयालु, संस्कारी, रचनात्मक संतान

मीन लग्न में गर्भाधान करते समय ऐसी ग्रह स्थिति नही होनी चाहिए :-चंद्रमा/गुरु पीड़ित, राहु/केतु का तीव्र प्रभाव!

QUICK MASTER TABLE (एक नज़र में)

गर्भाधान लग्न	संभावित संतान स्वभाव	सबसे अच्छे ग्रह	श्रेष्ठ नक्षत्र
मेष	साहसी, नेतृत्वशील	मंगल, गुरु, चंद्र	अश्विनी, पुष्य
वृषभ	सुंदर, शांत, संस्कारी	शुक्र, बुध, चंद्र	रोहिणी, हस्त
मिथुन	बुद्धिमान, बोलने में तेज	बुध, गुरु	मृगशिरा, स्वाती
कर्क	भावुक, संस्कारी, पारिवारिक	चंद्र, गुरु	पुष्य, पुनर्वसु
सिंह	तेजस्वी, प्रभावशाली	सूर्य, गुरु	उत्तराफाल्गुनी, श्रवण
कन्या	अध्ययनशील, विश्लेषक	बुध, शनि, गुरु	हस्त, रेवती
तुला	सुंदर, कलात्मक, संतुलित	शुक्र, बुध	स्वाती, रोहिणी
वृश्चिक	गहरी सोच, आध्यात्मिक	मंगल, गुरु	अनुराधा, रेवती
धनु	धार्मिक, भाग्यशाली, ज्ञानी	गुरु, सूर्य	पुष्य, श्रवण
मकर	अनुशासित, practical	शनि, शुक्र	श्रवण, रोहिणी
कुंभ	मौलिक, बुद्धिजीवी	शनि, बुध	स्वाती, धनिष्ठा
मीन	दयालु, आध्यात्मिक	गुरु, चंद्र	रेवती, पुनर्वसु

"तेजस्वी/बुद्धिमान/धार्मिक/सुंदर" संतान हेतु लग्न विचार"

1) बुद्धिमान संतान के लिए श्रेष्ठ लग्नः-मिथुन, कन्या, कुंभ, तुला
2) धार्मिक / संस्कारी संतान के लिए श्रेष्ठ लग्नः-कर्क, धनु, मीन, वृषभ
3) तेजस्वी / नेतृत्वशील संतान के लिए श्रेष्ठ लग्नः-मेष, सिंह, धनु
4) सुंदर / आकर्षक / कलात्मक संतान के लिए श्रेष्ठ लग्नः-वृषभ तुला, मीन
5) अनुशासित / सफल / व्यावहारिक संतान के लिए श्रेष्ठ लग्नः-कन्या, मकर, वृषभ
6) आध्यात्मिक / अंतर्ज्ञानी संतान के लिए श्रेष्ठ लग्नः-मीन, कर्क, वृश्चिक, धनु

अध्याय - 03

गर्भधारण में शुभ और अशुभ दिन का विचार

ज्योतिष के अनुसार वार का विभाजन

ज्योतिष के अनुसार गर्भधारण के लिए सोम्य वार को अधिक शुभ माना जाता है क्योंकि इससे होने वाली संतान का स्वभाव भी सोम्य और शांत रहता है इसके विपरीत दिनों में गर्भधारण से होने वाली संतान चिडचिडी व गुस्से वाली होती है !

सोम्य वार:- सोमवार, बुधवार, गुरुवार, शुक्रवार!

क्रूर वार:- रविवार, मंगलवार, शनिवार !

ज्योतिष के अनुसार सप्ताह के 7 वारों को पुरुष व स्त्री संज्ञक अनुसार भी विभाजित किया गया है जो निम्न प्रकार है !

पुरुष संज्ञक वार :- रविवार, मंगलवार, गुरुवार

स्त्री संज्ञक वार :- सोमवार, शुक्रवार

नपुंसक संज्ञक वार:- बुधवार, शनिवार

शास्त्रों में पुत्र हेतु गर्भधारण के लिए पुरुष संज्ञक वार में गर्भधारण की सलाह दी जाती है व पुत्री संतान की इच्छा रखने वाले दंपत्ति को स्त्री संज्ञक वार को गर्भधारण की सलाह दी जाती है !

अध्याय - 04

गर्भधारण में त्यौहार का विचार

ज्योतिषीय मुहूर्त शास्त्र, ऋषि पराशर, शुश्रुत संहिता के अनुसार गर्भधारण केवल जैविक प्रक्रिया ही नहीं बल्कि मानसिक, आध्यात्मिक और कालगत (समय) प्रभावों से भी जुड़ा हुआ संस्कार माना जाता है। इसलिए कुछ ग्रंथों में त्यौहार, पर्व और विशेष तिथियों में गर्भधारण न करने की सलाह दी जाती है।

त्यौहार का आध्यात्मिक प्रभाव :- भारतीय परंपरा में त्यौहारों को देव शक्तियों की विशेष उपस्थिति का समय माना जाता है। इन दिनों वातावरण में सकारात्मकता, पूजा-पाठ, मंत्र, यज्ञ और सात्विकता अधिक रहती है। तो यह समय ब्रह्मचर्य का होता है न की गर्भधारण का !

ऐसा माना जाता है कि इस प्रकार का वातावरण गर्भ में आने वाली आत्मा और बच्चे के संस्कारों पर अच्छा प्रभाव नहीं डाल सकता है।उदाहरण के लिए: दीपावली – प्रकाश, समृद्धि , सिद्धि - साधना, तंत्र-मन्त्र और लक्ष्मी का पर्व, नवरात्रि – शक्ति और देवी आराधना का समय, जन्माष्टमी – भगवान कृष्ण का जन्मोत्सव इस प्रकार के धार्मिक पर्वों के आसपास का समय आध्यात्मिक दृष्टि से पवित्र माना जाता है। कुछ अन्य पर्वों जिनमे गर्भधारण से बचने की सलाह दी जाती है: महाशिव रात्री (तप

और उपवास का दिन), पितृ पक्ष (पितरों का पृथ्वी पर आने का काल), ग्रहण काल (नकारात्मक उर्जा मुक्त होने का काल), होली के दिन अत्यधिक उन्माद और असंयम से बचने की सलाह दी जाती है।शास्त्रों में इस प्रकार के धार्मिक त्यौहार को , ग्रहण काल, पितृ पक्ष, परिवार में किसी की मृत्यु तिथि , अपने जन्म दिन पर, राशि संधि, नक्षत्र संधि, मल मास आदि को गर्भधारण की मनाही की गई है !

अध्याय - 05

पंचक विचार

पंचक ज्योतिष में एक विशेष समयावधि होती है जो तब बनती है जब चंद्रमा इन पाँच नक्षत्रों में से किसी एक में होता है: धनिष्ठा नक्षत्र (अंतिम चरण), शतभिषा नक्षत्र पूर्वभाद्रपद नक्षत्र, उत्तरभाद्रपद नक्षत्र, रेवती नक्षत्र ! जब चंद्रमा इन पाँच नक्षत्रों में रहता है तो लगभग 5 दिन का समय बनता है जिसे पंचक कहा जाता है।

पंचक क्यों अशुभ माने जाते हैं

ज्योतिष के अनुसार इस समय प्रकृति की ऊर्जा अस्थिर मानी जाती है। इसलिए कुछ कार्यों को करना अशुभ या बाधा देने वाला माना गया है। पारंपरिक मान्यता के अनुसार पंचक में इन कार्यों से बचना चाहिए:-घर की छत बनाना या लकड़ी का काम, दक्षिण दिशा की यात्रा, कोई भी मांगलिक का कार्य करना

गर्भधारण करना ,चिता के लिए लकड़ी इकट्ठा करना,बिस्तर या खाट बनवाना, घर का निर्माण शुरू करना! कहा जाता है कि इन कामों से हानि, रोग या बार-बार वही कार्य होने की संभावना बढ़ती है।

पंचक के पाँच प्रकार (वार के अनुसार)

पंचक जिस दिन से शुरू होता है, उसके आधार पर उसका प्रभाव बताया जाता है!

रविवार से शुरू होने वाले पंचक→ रोग पंचक,
सोमवार से शुरू होने वाले पंचक → राज पंचक,
मंगलवार से शुरू होने वाले पंचक → अग्नि पंचक,
बुधवार से शुरू होने वाले पंचक → चोर पंचक,
गुरुवार से शुरू होने वाले पंचक→ मृत्यु पंचक,
इनमें से मृत्यु पंचक और अग्नि पंचक को सबसे अधिक सावधानी वाला माना जाता है। इसलिए पंचक समय में गर्भधारण से बचना चाहिए , यदि ऐसा संभव न हो पाय तो किसी योग्य ज्योतिषी से परामर्श लेकर ही प्रयास करें !

2026 के पंचक दिनांक व समय

निम्नलिखित समयावधि में भूल से भी गर्भधारण नही करना है

पंचक आरम्भ

जनवरी 21, 2026, बुधवार को 01:35 ए एम बजे

पंचक अंत

जनवरी 25, 2026, रविवार को 01:35 पी एम बजे

पंचक आरम्भ

फरवरी 17, 2026, मंगलवार को 09:05 ए एम बजे

पंचक अंत

फरवरी 21, 2026, शनिवार को 07:07 पी एम बजे

पंचक आरम्भ

मार्च 16, 2026, सोमवार को 06:14 पी एम बजे

पंचक अंत

मार्च 21, 2026, शनिवार को 02:27 ए एम बजे

पंचक आरम्भ

अप्रैल 13, 2026, सोमवार को 03:44 ए एम बजे

पंचक अंत

अप्रैल 17, 2026, शुक्रवार को 12:02 पी एम बजे

पंचक आरम्भ

मई 10, 2026, रविवार को 12:12 पी एम बजे

पंचक अंत

मई 14, 2026, बृहस्पतिवार को 10:34 पी एम बजे

पंचक आरम्भ

जून 6, 2026, शनिवार को 07:03 पी एम बजे

पंचक अंत

जून 11, 2026, बृहस्पतिवार को 08:16 ए एम बजे

पंचक आरम्भ

जुलाई 4, 2026, शनिवार को 12:48 ए एम बजे
पंचक अंत
जुलाई 8, 2026, बुधवार को 04:00 पी एम बजे
पंचक आरम्भ
जुलाई 31, 2026, शुक्रवार को 06:38 ए एम बजे
पंचक अंत
अगस्त 4, 2026, मंगलवार को 09:54 पी एम बजे
पंचक आरम्भ
अगस्त 27, 2026, बृहस्पतिवार को 01:35 पी एम बजे
पंचक अंत
सितम्बर 1, 2026, मंगलवार को 03:23 ए एम बजे
पंचक आरम्भ
सितम्बर 23, 2026, बुधवार को 09:57 पी एम बजे
पंचक अंत
सितम्बर 28, 2026, सोमवार को 10:16 ए एम बजे
पंचक आरम्भ
अक्टूबर 21, 2026, बुधवार को 07:00 ए एम बजे
पंचक अंत
अक्टूबर 25, 2026, रविवार को 07:22 पी एम बजे
पंचक आरम्भ
नवम्बर 17, 2026, मंगलवार को 03:30 पी एम बजे
पंचक अंत
नवम्बर 22, 2026, रविवार को 05:54 ए एम बजे
पंचक आरम्भ
दिसम्बर 14, 2026, सोमवार को 10:35 पी एम बजे
पंचक अंत
दिसम्बर 19, 2026, शनिवार को 03:58 पी एम बजे

अध्याय - 06

गण्डमूल विचार

वैदिक ज्योतिष में गण्डमूल उन विशेष नक्षत्रों को कहा जाता है जिनमें गर्भधारण या जन्म होने पर जीवन में प्रारम्भिक कठिनाइयाँ, कर्मफल का प्रबल प्रभाव और पारिवारिक कष्ट आने की संभावना बताई जाती है।

कुल 6 नक्षत्र गण्डमूल माने जाते हैं:अश्विनी नक्षत्र,आश्लेषा नक्षत्र, मघा नक्षत्र, ज्येष्ठा नक्षत्र, मूल नक्षत्र, रेवती नक्षत्र

इन नक्षत्रों में जन्म लेने वाले बच्चे को गण्डमूल जन्म कहा जाता है।

गण्डमूल अशुभ क्यों माने जाते हैं?

गण्डमूल का अर्थ समझने से इसका कारण स्पष्ट होता है:

- गण्ड = गाँठ या कठिन स्थिति
- मूल = जड़ या मूल कारण

अर्थात यह ऐसे नक्षत्र हैं जहाँ जीवन के कर्मों की गाँठ खुलती है। संतान अपने कर्मफल भोगने आती है !

ज्योतिषीय कारण

गण्डमूल नक्षत्र वहाँ स्थित हैं जहाँ:एक जल तत्व राशि समाप्त होती है और अग्नि तत्व राशि शुरू होती है यानी यह ऊर्जा परिवर्तन है।

उदाहरण:कर्क राशि → सिंह राशि, वृश्चिक राशि → धनु राशि, मीन राशि → मेष राशि

इस परिवर्तन के कारण ऊर्जा अस्थिर और तीव्र मानी जाती है। ऐसी स्थति में गर्भधारण अच्छा नहीं माना गया है
गण्डमूल नक्षत्रों का प्रभाव (शास्त्रीय मान्यता)परंपरागत मान्यता के अनुसार: परिवार में कष्ट या आर्थिक समस्या, माता-पिता को चिंता या स्वास्थ्य समस्या, बच्चे के जीवन में संघर्ष के बाद सफलता ! लेकिन यह ध्यान रखना जरूरी है कि हर गण्डमूल अशुभ नहीं होता।
कुंडली में ग्रहों की स्थिति से प्रभाव बदल सकता है।
गर्भधारण ज्योतिष में गण्डमूल नक्षत्रों को सामान्यतः टालने योग्य माना गया है, क्योंकि यह नक्षत्र राशि संधि पर स्थित होते हैं जहाँ ऊर्जा अस्थिर मानी जाती है। शास्त्रीय मान्यता के अनुसार गर्भाधान के समय ऐसी अस्थिरता संतान के जीवन में संघर्ष या पारिवारिक कष्ट का कारण बन सकती है।

जिस रात्री आप गर्भधारण करने जा रहें हैं यदि उस रात्री के दुसरे व तीसरे पहर (लगभग 9 pm से 03 am) में गण्डमूल नक्षत्र पड़ रहा हो तो उस रात्री को गर्भधारण नहीं करना चाहिए !

2026 में गर्भधारण के समय रात्री के दुसरे व तीसरे पहर (लगभग 9 pm से 03 am) में पड़ने वाले गण्डमूल नक्षत्र निम्नलिखित है ! नोट:- चातुर्मास (25 जुलाई – 21 नवम्बर 2026) को पूरी तरह हटा दिया गया है !

गण्ड मूल आरम्भ-जनवरी 5, 2026, सोमवार को 01:25 pm
गण्ड मूल अन्त-जनवरी 7, 2026, बुधवार को 11:56 am
गण्ड मूल आरम्भ-जनवरी 15 2026 गुरुवार को 03:03 am
गण्ड मूल अन्त-जनवरी 17, 2026, शनिवार को 08:12 am

गण्ड मूल आरम्भ-जनवरी 24, 2026, शनिवार को 02:16pm
गण्ड मूल अन्त-जनवरी 26, 2026, सोमवार को 12:32 pm
गण्ड मूल आरम्भ-फरवरी 1, 2026, रविवार को 11:58pm
गण्ड मूल अन्त-फरवरी 3, 2026, मंगलवार को 10:10 pm
गण्ड मूल आरम्भ-फरवरी 11, 2026, बुधवार को 10:53 am
गण्ड मूल अन्त-फरवरी 13, 2026, शुक्रवार को 04:12 pm
गण्ड मूल आरम्भ-फरवरी 20, 2026, शुक्रवार को 08:07pm
गण्ड मूल अन्त-फरवरी 22, 2026, रविवार को 05:54 pm
गण्ड मूल आरम्भ-मार्च 1, 2026, रविवार को 08:34 am
गण्ड मूल अन्त-मार्च 3, 2026, मंगलवार को 07:31 am
गण्ड मूल आरम्भ -मार्च 10, 2026, मंगलवार को 07:05pm
गण्ड मूल अन्त-मार्च 13, 2026, शुक्रवार को 12:43 am
गण्ड मूल आरम्भ-मार्च 20, 2026, शुक्रवार को 04:05 am
गण्ड मूल अन्त-मार्च 22, 2026, रविवार को 12:37 am
गण्ड मूल आरम्भ-मार्च 28, 2026, शनिवार को 02:50 pm
गण्ड मूल अन्त-मार्च 30, 2026, सोमवार को 02:48 pm
गण्ड मूल आरम्भ-अप्रैल 7, 2026, मंगलवार को 02:57 am
गण्ड मूल अन्त-अप्रैल 9, 2026, गुरुवार को 08:48 am
गण्ड मूल आरम्भ-अप्रैल 16 2026, गुरुवार को 01:59pm
गण्ड मूल अन्त-अप्रैल 18, 2026, शनिवार को 09:42am
गण्ड मूल आरम्भ-अप्रैल 24, 2026, शुक्रवार को 08:14pm
गण्ड मूल अन्त-अप्रैल 26, 2026, रविवार को 08:27pm
गण्ड मूल आरम्भ-मई 4, 2026, सोमवार को 09:58 am
गण्ड मूल अन्त-मई 6, 2026, बुधवार को 03:54 pm
गण्ड मूल आरम्भ-मई 14, 2026,गुरुवार को 12:17 am
गण्ड मूल अन्त-मई 15, 2026, शुक्रवार को 08:14 pm

गण्ड मूल आरम्भ-मई 22, 2026, शुक्रवार को 02:49 am
गण्ड मूल अन्त-मई 24, 2026, रविवार को 02:09 am
गण्ड मूल आरम्भ-मई 31, 2026, रविवार को 04:12 pm
गण्ड मूल अन्त-जून 2, 2026, मंगलवार को 10:06 pm
गण्ड मूल अन्त-जून 12, 2026, शुक्रवार को 06:28 am
गण्ड मूल आरम्भ-जून 18, 2026, गुरुवार को 11:32 am
गण्ड मूल अन्त-जून 20, 2026, शनिवार को 09:25 am
गण्ड मूल आरम्भ-जून 27, 2026, शनिवार को 10:11 pm
गण्ड मूल अन्त-जून 30, 2026, मंगलवार को 04:03 am
गण्ड मूल आरम्भ-नवम्बर 29, 2026, रविवार को 10:59 am
गण्ड मूल अन्त-दिसम्बर 1, 2026, मंगलवार को 09:00 am
गण्ड मूल आरम्भ-नवम्बर 29, 2026, रविवार को 10:59am
गण्ड मूल अन्त-दिसम्बर 1, 2026, मंगलवार को 09:00am
गण्ड मूल आरम्भ-दिसम्बर 8, 2026, मंगलवार को06:16pm
गण्ड मूल अन्त-दिसम्बर 10, 2026, बृहस्पतिवार को 11:58 पी एम बजे
गण्ड मूल आरम्भ-दिसम्बर 18, 2026, शुक्रवार को 04:10 pm
गण्ड मूल अन्त-दिसम्बर 20, 2026, रविवार को 02:55pm
गण्ड मूल आरम्भ-दिसम्बर 26, 2026, शनिवार को 08:12 पी एम बजे
गण्ड मूल अन्त-दिसम्बर 28, 2026, सोमवार को 04:32pm

"गहन ज्योतिषीय अंतर्दृष्टि" से :-

- जब गण्डमूल + रात का मध्य समय जुड़ता होता है(गर्भधारण का समय):अवचेतन मन के उर्जा बहुत अधिक होती है

- कार्मिक संस्कार अधिक गहरे होतें हैं
- संतान के भाग्य पर बुरा असर पड़ता है

इसलिए ऐसे समय से होने वाली संतान -“अस्थिर स्वभाव”, "मानसिक अस्थिरता" "संघर्ष-प्रधान जीवन शैली” वाली होती है इसलिए गण्डमूल के समय में गर्भधारण से बचना चाहिए , ऊपर दिए गए समय में गर्भधारण न करें !

“प्रत्येक बिंदु की गहन
एवं
विस्तृत जानकारी के लिए हमारी आने वाली पुस्तक
‘गर्भधारण मुहूर्त चिंतामणि’
का संदर्भ अवश्य लें।”

अध्याय - 07

भद्रा काल विचार

भद्रा काल क्या है?

वैदिक पंचांग में विश्टि करण का नाम है। पंचांग के पाँच अंगों में से एक करण होता है, और जब करण विश्टि होता है तो उसे भद्रा काल कहा जाता है।

सरल शब्दों में: जब चंद्र तिथि के दौरान विश्टि करण आता है तो वह समय भद्रा काल कहलाता है।

भद्रा काल क्यों अशुभ माना जाता है

पुराणों के अनुसार भद्रा शनि की बहन अर्थात सूर्य देव की पुत्री है, जिसका जन्म दैत्यों के शुभ कार्यों में विघ्न डालने के लिए हुआ था , भद्रा को रोक पाना देवताओं के लिए भी असंभव था इसीलिए भद्रा हर प्रकार के शुभ कार्य में वर्जित हैं पारंपरिक ज्योतिष के अनुसार भद्रा की प्रकृति क्रूर और उग्र मानी गई है। इसी कारण इसे शुभ कार्यों के लिए टालने की सलाह दी जाती है।

इसके पीछे मुख्य कारण

1. उग्र ऊर्जा

भद्रा काल में ग्रहों और चंद्रमा की स्थिति ऐसी मानी जाती है जिसमें ऊर्जा कठोर और संघर्षपूर्ण होती है।

2. कार्यों में बाधा

मान्यता है कि इस समय शुरू किए गए शुभ कार्यों में रुकावट या नुकसान हो सकता है।

तांत्रिक और युद्ध कार्यों के लिए अनुकूल

ज्योतिष ग्रंथों के अनुसार भद्रा काल शुभ कार्यों के लिए नहीं, बल्कि शत्रु दमन, तांत्रिक साधना, युद्ध संबंधी कार्य आदि ! के लिए अनुकूल माना गया है।

भद्रा के स्थान का महत्व:

भद्रा हर समय समान रूप से अशुभ नहीं मानी जाती।

यह इस बात पर भी निर्भर करता है कि वह किस लोक में स्थित है।

भद्रा के तीन स्थान

स्वर्ग भद्रा → बहुत अशुभ नहीं

पाताल भद्रा → सामान्य

मृत्युलोक भद्रा → सबसे अशुभ

जब भद्रा मृत्युलोक में होती है तब शुभ कार्यों से विशेष रूप से बचने की सलाह दी जाती है।

गर्भधारण के समय भद्रा काल का विचार

ज्योतिष में गर्भाधान संस्कार के लिए भद्रा काल से बचना बेहतर माना गया है।कारण

1. संतान के स्वभाव पर प्रभाव

मान्यता है कि भद्रा काल में गर्भधारण होने पर संतान का स्वभाव:- क्रोधी,विद्रोही,अस्थिर हो सकता है।

2. जीवन में संघर्ष

कुछ ग्रंथों में कहा गया है कि ऐसे समय में गर्भधारण होने पर संतान को जीवन में अधिक संघर्ष करना पड़ सकता है।

2026 में गर्भधारण के समय रात्री 9 pm से 3 am के बीच भद्रा काल का समय

(जिसमे गर्भधारण नहीं करना है)

भद्रा आरम्भ-जनवरी 2, 2026, शुक्रवार को 06:53 pm
भद्रा अन्त-जनवरी 3, 2026, शनिवार को 05:11 am
भद्रा आरम्भ-जनवरी 5, 2026, सोमवार को 08:53 pm
भद्रा अन्त-जनवरी 6, 2026, मंगलवार को 08:01 am
भद्रा आरम्भ-जनवरी 16, 2026, शुक्रवार को 10:21 pm
भद्रा अन्त-जनवरी 17, 2026, शनिवार को 11:15 am
भद्रा आरम्भ-जनवरी 22, 2026, बृहस्पतिवार को 02:40pm
भद्रा अन्त-जनवरी 23, 2026, शुक्रवार को 02:28 am
भद्रा आरम्भ-जनवरी 25, 2026, रविवार को 11:10 pm
भद्रा अन्त-जनवरी 26, 2026, सोमवार को 10:16 am

भद्रा आरम्भ-फरवरी 4, 2026, बुधवार को 12:19 पी एम बजे
भद्रा अन्त-फरवरी 5, 2026, बृहस्पतिवार को 12:09 am
भद्रा आरम्भ-फरवरी 11, 2026, बुधवार को 11:12 pm
भद्रा अन्त-फरवरी 12, 2026, बृहस्पतिवार को 12:22 pm
भद्रा आरम्भ-फरवरी 15, 2026, रविवार को 05:04 pm
भद्रा अन्त-फरवरी 16, 2026, सोमवार को 05:23 pm
भद्रा आरम्भ-फरवरी 21, 2026, शनिवार को 01:51 am
भद्रा अन्त-फरवरी 21, 2026, शनिवार को 01:00 pm
भद्रा आरम्भ-फरवरी 27, 2026, शुक्रवार को 11:31 am
भद्रा अन्त-फरवरी 27, 2026, शुक्रवार को 10:32 pm

भद्रा आरम्भ-मार्च 2, 2026, सोमवार को 05:55 पी एम बजे

भद्रा अन्त-मार्च 3, 2026, मंगलवार को 05:28 ए एम बजे
भद्रा आरम्भ-मार्च 9, 2026, सोमवार को 11:27 पी एम बजे
भद्रा अन्त-मार्च 10, 2026, मंगलवार को 12:40 पी एम बजे
भद्रा आरम्भ-मार्च 13, 2026, शुक्रवार को 07:23 पी एम बजे
भद्रा अन्त-मार्च 14, 2026, शनिवार को 08:10 ए एम बजे
भद्रा आरम्भ-मार्च 17, 2026, मंगलवार को 09:23 ए एम बजे
भद्रा अन्त-मार्च 17, 2026, मंगलवार को 08:59 पी एम बजे
भद्रा आरम्भ-मार्च 22, 2026, रविवार को 10:36 ए एम बजे
भद्रा अन्त-मार्च 22, 2026, रविवार को 09:16 पी एम बजे
भद्रा आरम्भ-मार्च 25, 2026, बुधवार को 01:50 पी एम बजे
भद्रा अन्त-मार्च 26, 2026, बृहस्पतिवार को 12:47 ए एम बजे
भद्रा आरम्भ-मार्च 28, 2026, शनिवार को 08:13 पी एम बजे
भद्रा अन्त-मार्च 29, 2026, रविवार को 07:46 ए एम बजे

भद्रा आरम्भ-अप्रैल 4, 2026, शनिवार को 11:01 pm
भद्रा अन्त-अप्रैल 5, 2026, रविवार को 11:59 am
भद्रा आरम्भ-अप्रैल 8, 2026, बुधवार को 07:01 pm
भद्रा अन्त-अप्रैल 9, 2026, बृहस्पतिवार को 08:12 am
भद्रा आरम्भ-अप्रैल 12, 2026, रविवार को 01:02 pm
भद्रा अन्त-अप्रैल 13, 2026, सोमवार को 01:16 am
भद्रा आरम्भ-अप्रैल 15, 2026, बुधवार को 10:31 pm
भद्रा अन्त-अप्रैल 16, 2026, गुरुवार को 09:25 am
भद्रा आरम्भ-अप्रैल 20, 2026, सोमवार को 05:49 pm
भद्रा अन्त-अप्रैल 21, 2026, मंगलवार को 04:14 am
भद्रा आरम्भ-अप्रैल 23, 2026, गुरुवार को 08:49 pm
भद्रा अन्त-अप्रैल 24, 2026, शुक्रवार को 08:01 am
भद्रा आरम्भ-अप्रैल 30, 2026, गुरुवार को 09:12 pm

भद्रा अन्त-मई 1, 2026, शुक्रवार को 10:00 am

भद्रा आरम्भ-मई 4, 2026, सोमवार को 04:12 पी एम बजे
भद्रा अन्त-मई 5, 2026, मंगलवार को 05:24 ए एम बजे
भद्रा आरम्भ-मई 8, 2026, शुक्रवार को 12:21 पी एम बजे
भद्रा अन्त-मई 9, 2026, शनिवार को 01:16 ए एम बजे
भद्रा आरम्भ-मई 26, 2026, मंगलवार को 05:42 पी एम बजे
भद्रा अन्त-मई 27, 2026, बुधवार को 06:21 ए एम बजे
भद्रा आरम्भ-मई 30, 2026, शनिवार को 11:57 ए एम बजे
भद्रा अन्त-मई 31, 2026, रविवार को 01:05 ए एम बजे

भद्रा आरम्भ-जून 3, 2026, बुधवार को 08:12 ए एम बजे
भद्रा अन्त-जून 3, 2026, बुधवार को 09:21 पी एम बजे
भद्रा आरम्भ-जून 10, 2026, बुधवार को 01:52 पी एम बजे
भद्रा अन्त-जून 11, 2026, बृहस्पतिवार को 12:57 ए एम बजे
भद्रा आरम्भ-जून 13, 2026, शनिवार को 04:07 पी एम बजे
भद्रा अन्त-जून 14, 2026, रविवार को 02:15 ए एम बजे
भद्रा आरम्भ-जून 21, 2026, रविवार को 03:20 पी एम बजे
भद्रा अन्त-जून 22, 2026, सोमवार को 03:24 ए एम बजे

भद्रा आरम्भ-जुलाई 2, 2026, गुरूवार को 10:31 पी एम बजे
भद्रा अन्त-जुलाई 3, 2026, शुक्रवार को 11:20 ए एम बजे
भद्रा आरम्भ-जुलाई 6, 2026, सोमवार को 01:47 पी एम बजे
भद्रा अन्त-जुलाई 7, 2026, मंगलवार को 01:41 ए एम बजे
भद्रा आरम्भ-जुलाई 9, 2026, गुरूवार को 09:31 पी एम बजे
भद्रा अन्त-जुलाई 10, 2026, शुक्रवार को 08:16 ए एम बजे

भद्रा आरम्भ-जुलाई 12, 2026, रविवार को 10:29 पी एम
भद्रा अन्त-जुलाई 13, 2026, सोमवार को 08:39 ए एम
भद्रा आरम्भ-जुलाई 17, 2026, शुक्रवार को 05:29 पी एम
भद्रा अन्त-जुलाई 18, 2026, शनिवार को 04:42 ए एम बजे
भद्रा आरम्भ-जुलाई 24, 2026, शुक्रवार को 10:22 पी एम
भद्रा अन्त-जुलाई 25, 2026, शनिवार को 11:34 ए एम बजे

चातुर्मास-वर्ष 2026 में चातुर्मास 25 जुलाई 2026 से शुरू होकर 21 नवंबर 2026 तक रहेगा, इस समयावधि में गर्भधारण नही करना चाहिए !

भद्रा आरम्भ-नवम्बर 23, 2026, सोमवार को 11:42 pm
भद्रा अन्त-नवम्बर 24, 2026, मंगलवार को 10:05 am
भद्रा आरम्भ-नवम्बर 26, 2026, बृहस्पतिवार को 11:30 pm
भद्रा अन्त-नवम्बर 27, 2026, शुक्रवार को 09:48 ए एम बजे

भद्रा आरम्भ-दिसम्बर 3, 2026, बृहस्पतिवार को 10:53 am
भद्रा अन्त-दिसम्बर 3, 2026, बृहस्पतिवार को 11:03 pm
भद्रा आरम्भ-दिसम्बर 16, 2026, बुधवार को 10:45 pm
भद्रा अन्त-दिसम्बर 17, 2026, बृहस्पतिवार को 11:12 am
भद्रा आरम्भ-दिसम्बर 29, 2026, मंगलवार को 01:24 pm
भद्रा अन्त-दिसम्बर 30, 2026, बुधवार को 12:54 am

ऊपर दिए गए भद्रा काल में गर्भधारण न करें !

अध्याय - 08

चातुर्मास 2026

2026 में चातुर्मास की अवधि लगभग इस प्रकार मानी गई है: आरंभ: 27 जुलाई 2026 – देवशयनी एकादशी (आषाढ़ शुक्ल एकादशी) समाप्त: 20 नवम्बर 2026 – देवउठनी / देवोत्थान एकादशी (कार्तिक शुक्ल एकादशी)

इस पूरे समय को चातुर्मास (चार महीने) कहा जाता है।

2026 चातुर्मास का पूरा काल :-चार महीना

1श्रावण,2भाद्रपद,3आश्विन,4कार्तिक

चातुर्मास क्यों महत्वपूर्ण माना जाता है

परंपरा के अनुसार इस समय: भगवान विष्णु योग निद्रा में जाते हैं, साधु-संत एक स्थान पर रहकर साधना करते हैं

विवाह, गर्भधारण, गृहप्रवेश, यज्ञ जैसे मांगलिक कार्य नहीं किए जाते इसी कारण कई ज्योतिषी गर्भाधान मुहूर्त भी इस अवधि में टालने की सलाह देते हैं।

2026 में गर्भधारण के लिए चातुर्मास से बचने का समय

27 जुलाई 2026 – 20 नवम्बर 2026

इन 4 महीनों को हटाकर ही अधिकतर श्रेष्ठ गर्भाधान मुहूर्त निकाले जाते हैं।

आपके लिए गर्भधारण के सामान्य से लेकर सर्वश्रेष्ठ मुहूर्त तक इस पुस्तक में दिए गए हैं जिनसे आप लाभ उठा सकतें हैं !

अध्याय - 09

गर्भधारण में रात्री के पहर का विचार

रात्रि के 4 पहर (शास्त्रीय नाम सहित)

1. प्रथम प्रहर (प्रदोष काल) समय: सूर्यास्त से ~9 बजे तक स्वभाव:रजोगुण प्रधान (active energy), दिन से रात का मिलन(संक्रांति) ऐसे समय में संध्या वंदन, दीप जलाना लक्ष्मी पूजा, हल्का भोजन करना चाहिए !

प्रदोष काल में गर्भाधान ,झगड़ा / क्रोध, भारी भोजन नहीं करना चाहिए क्योंकि इस समय मन स्थिर नहीं होता!

2. द्वितीय प्रहर (निशीथ पूर्व काल) समय: ~9 PM – 12 AM स्वभाव: रजस से सत्व की ओर परिवर्तन

इस समय मानसिक शांति शुरू होने लगती हैं

द्वितीय प्रहर में ध्यान / जप , दाम्पत्य संबंध (गर्भाधान के लिए उत्तम) शांत वार्तालाप करना चाहिए !

इस समय में नकारात्मक विचार, नशा / अशुद्ध भोजन नहीं करना चाहिए

द्वितीय प्रहर (निशीथ पूर्व काल)गर्भाधान के लिए श्रेष्ठ माना गया है

3. तृतीय प्रहर (निशीथ काल / मध्य रात्रि) समय: ~12 AM – 3 AM स्वभाव: सत्वगुण प्रधानचंद्र ऊर्जा चरम पर होती है !

इस समय में गहन ध्यान / साधना, जप साधना

• गर्भाधान (सबसे सर्वोत्तम समय) ✓
इस समय में भय / नकारात्मक सोच,अशुद्ध मानसिक अवस्था से बचना चाहिए !
इस समय गर्भधारण से संतान गहरी सोच वाली, अध्यात्मिक झुकाव वाली होती है !

4. **चतुर्थ प्रहर** (ब्रह्म मुहूर्त से पहले/बाद)
समय: ~3 AM – सूर्योदय
स्वभाव: शुद्ध सत्वगुण, आध्यात्मिक ऊर्जा उच्च होती है
इस समय ब्रह्म मुहूर्त में उठना, योग, ध्यान, जप, अध्ययन करना चाहिए !
इस समय में गर्भाधान ,सोते रहना (शास्त्रों में मना)यह समय आत्मिक विकास के लिए है, भौतिक सृजन के लिए नहीं है !

सार (Quick Summary)

प्रहर	समय	क्या करें	क्या न करें
प्रथम	6–9 PM	पूजा, शांत कार्य	गर्भाधान ✗
द्वितीय	9–12 PM	गर्भाधान ✓	नकारात्मकता ✗
तृतीय	12–3 AM	गर्भाधान ✓ (Best)	डर/क्रोध ✗
चतुर्थ	3–6 AM	ध्यान, योग	गर्भाधान ✗

नोट - शास्त्रों में दिन के समय गर्भाधान करना पूर्णत: वर्जित बताया गया है, जबकि रात्री का समय गर्भधारण के लिए अच्छा बताया गया है !

अध्याय - 10

गर्भधारण में ग्रहण विचार

गर्भाधान में ग्रहण काल (Solar/Lunar Eclipse) का विचार शास्त्रों में अत्यंत महत्वपूर्ण माना गया है। इसे समझना ज़रूरी है —क्यों अशुभ माना गया है, और उस समय क्या करना चाहिए और क्या नहीं ?

ग्रहण क्या है?

- सूर्य ग्रहण → जब सूर्य आच्छादित होता है
- चंद्र ग्रहण → जब चंद्रमा आच्छादित होता है

ज्योतिष में इसे राहु-केतु प्रभाव का समय माना जाता है

गर्भाधान में ग्रहण काल अशुभ क्यों?

1. चंद्र और मन का संबंध:- चंद्रमा मन का कारक है हमारी भावनाएँ इसे जुडी होती हैं और ग्रहण काल में सूर्य / चन्द्र दूषित हो जातें हैं ! इसलिए:

- मानसिक असंतुलन की ऊर्जा बनती है
- गर्भ अस्थिर हो सकता है

2. राहु-केतु का प्रभाव:- राहु = भ्रम, असंतुलन, केतु = विच्छेदन, अनिश्चितता

गर्भाधान के समय:

- कर्म संबंधी अशांति ज्यादा होती है !

3. सूक्ष्म (Subtle) ऊर्जा में विकृति:-

शास्त्रों के अनुसार ग्रहण में प्राण ऊर्जा अशांत होती है

नकारात्मक उर्जा की आवृत्ति बढ़ती है
इसलिए: गर्भाधान नहीं करना, कोई भी शुभ कार्य नही करना चाहिए !

ग्रहण काल में क्या नहीं करना चाहिए

गर्भाधान, भोजन बनाना/खाना, बाहर घूमना, सोना (विशेषकर ग्रहण के दौरान) गर्भवती महिला के लिए:
पेट पर धारदार वस्तु नहीं रखना, बाहर नहीं निकलना, कोई वस्तु नहीं काटनी चाहिए !

ग्रहण काल में क्या करना चाहिए

1. मंत्र जप / ध्यान, गायत्री मंत्र, महामृत्युंजय मंत्र, सिद्धि साधना
इस समय जप का फल कई गुना बढ़ता है
2. मानसिक शुद्धि:- शांत रहना, सकारात्मक विचार रखना
3. स्नान (ग्रहण के बाद):-ग्रहण समाप्ति पर स्नान करना
घर की शुद्धि, घर के मंदिर की साफ़-सफाई करना!
4. दान:- ग्रहण के बाद दान करना शुभ माना गया है

<u>ज्योतिषीय अंतर्दृष्टि से</u>

गर्भाधान = "जीवन की शुरुआत"
ग्रहण = "ऊर्जा का असंतुलन "
जब ये दोनों मिलते हैं: बच्चा कर्मों के असंतुलन को लेकर आ सकता है!

शास्त्रीय नियम (Golden Rule)

ग्रहण के दौरान ही नहीं बल्कि ग्रहण से 8–12 घंटे पहले और बाद तक भी गर्भाधान नहीं करना चाहिए!

व्यावहारिक मार्गदर्शन (सरल)

✓ ग्रहण वाले दिन बिलकुल भी गर्भधारण न करें !
✓ अगले शुभ मुहूर्त से ही गर्भधारण की योजना बनाएं !

अध्याय - 11

गर्भधारण में मल मास का विचार

अब हम 2026 में मल मास (अधिक मास) और उसका गर्भाधान पर प्रभाव शास्त्र अनुसार स्पष्ट समझते हैं !

मल मास क्या होता है? मल मास = अधिक मास

- जब किसी चंद्र मास में सूर्य संक्रांति नहीं होती, तब वह महीना “अधिक” (extra) हो जाता है इसे शास्त्रों में “मल मास” भी कहा गया है यह लगभग हर 32–33 महीनों में आता है

2026 में मल मास (स्थिति):- 2026 में कोई अधिक मास (मल मास) नहीं है! 2026 पूरा वर्ष सामान्य चंद्र वर्ष है इसलिए मल मास का विचार नहीं किया जायगा ! जब मल मास आता है, तब: विवाह, गृह प्रवेश, नए शुभ कार्य,गर्भाधान (विशेष रूप से न करें) नहीं किये जाते !

इसलिए इसे “शुभ कार्य निषिद्ध मास” कहा जाता है

गर्भाधान में मल मास अशुभ क्यों?

1. ऊर्जा का असंतुलन -यह “अतिरिक्त समय चक्र” है
प्राकृतिक लय असंतुलित होती है

2. शास्त्रीय दृष्टि- इस मास में “देव कार्य” कम होते हैं इसलिए इसे शुद्धि अवधि माना गया है ! नया सृजन (गर्भाधान) नहीं किया जाता है

3. मानसिक प्रभाव- चंद्र चक्र (उर्जा) अनियमित होती है, मन पर सूक्ष्म स्तर पर अशांति होती है !

मल मास में क्या करना चाहिए -
शास्त्रों के अनुसार यह उपवास, साधना और शुद्धि का समय है
-भगवान विष्णु पूजा, दान, जप, तप, आध्यात्मिक अभ्यास करें !

अध्याय - 12

गर्भधारण में खर मास का विचार

अब हम 2026 में खर मास और उसका गर्भाधान पर प्रभाव शास्त्र अनुसार साफ-साफ समझते हैं !

खर मास क्या होता है? :- खर मास वह समय है जब सूर्य धनु राशि में (धनु खर मास) और मीन राशि में (मीन खर मास) होता है ! इस समय -सूर्य की ऊर्जा "धार्मिक/आध्यात्मिक" मानी जाती है भौतिक/सांसारिक शुभ कार्य कम किए जाते हैं

2026 में खर मास कब-कब?

1. धनु खर मास:-लगभग: 16 दिसम्बर 2025 – 14 जनवरी 2026, यानी 2026 में इसका भाग: 1 जनवरी – 14 जनवरी 2026

2. मीन खर मास:- लगभग: 14 मार्च – 13 अप्रैल 2026

खर मास में क्या माना जाता है?

शास्त्रों में इस समय:विवाह, गृह प्रवेश, गर्भधारण आदि नए शुभ कार्य करने की मनाही है! लेकिन यह नियम मुख्यतः "संस्कार/ उत्सव" के लिए है

गर्भाधान में खर मास का विचार

क्या गर्भाधान निषिद्ध है?

सीधा उत्तर: "पूर्ण निषेध" नहीं है लेकिन: "श्रेष्ठ संतति" के लिए इसे छोड़ना बेहतर माना जाता है

गर्भधारण में खर मास अशुभ क्यों माना जाता है?

1. सूर्य का प्रभाव:-सूर्य = आत्मा, ऊर्जा,खर मास में सूर्य "धर्म प्रधान" हो जाता है इसलिए यह समय भौतिक सृजन के लिए अच्छा नही होता है!

2. असंतुलित ऊर्जा:-इस समय जीवन में "त्याग/साधना" की ऊर्जा बढ़ती है सृजन शक्ति थोड़ी कमजोर होती है

3. शास्त्रीय दृष्टिकोण:-यह समय तप, जप, पूजा के लिए है न कि भौतिक विस्तार के लिए!

खर मास में क्या करना चाहिए:-विष्णु पूजा, जप, दान, साधना, मानसिक शुद्धि

व्यावहारिक वास्तविकता (आधुनिक + ज्योतिषीय संतुलन) अगर मजबूरी हो:

✓ गर्भाधान हो सकता है

✓ कोई "दोष निश्चित" नहीं

लेकिन अगर गर्भधारण की योजना है: तो गर्भधारण के लिए इस समय को छोड़ दो !

2026 के लिए अंतिम मार्गदर्शन:-इन समयों को त्याग दें !

1 – 14 जनवरी 2026

14 मार्च – 13 अप्रैल 2026

अध्याय - 13

गर्भधारण में नक्षत्र चुनाव

रोहिणी-अत्यंत शुभ नक्षत्र- संतान आकर्षक, प्रतिभाशाली और भाग्यशाली मानी जाती है !

मृगशिरा- बुद्धिमत्ता और जिज्ञासा का नक्षत्र- संतान विद्वान और शोधप्रिय हो सकती है !

आर्द्रा-मानसिक शक्ति और गहरी सोच का योग !

पुनर्वसु-शांत स्वभाव और धर्मप्रिय संतान !

पुष्य-सबसे शुभ नक्षत्रों में से एक-संतान प्रतिष्ठित और सफल मानी जाती है !

हस्त-कौशल, कला और बुद्धि देने वाला नक्षत्र !

चित्रा-रचनात्मकता और निर्माण क्षमता

स्वाति-स्वतंत्र सोच और प्रगति का योग !

अनुराधा-नेतृत्व और मित्रता का गुण !

श्रवण-ज्ञान और विद्धत्ता का नक्षत्र !

धनिष्ठा-प्रसिद्धि और समृद्धि का योग !

गर्भधारण के लिए विशेष रूप से अत्यंत श्रेष्ठ माने जाने वाले नक्षत्र निम्नलिखित है :- रोहिणी, मृगशिरा, पुष्य, हस्त, अनुराधा, श्रवण !

निम्नलिखित नक्षत्रों व गण्डमूल में गर्भधारण से बचना चाहिए:-

भरणी, कृत्तिका, आश्लेषा, मघा, ज्येष्ठा, मूल

गण्डमूल :- अश्विनी नक्षत्र,आश्लेषा नक्षत्र, मघा नक्षत्र, ज्येष्ठा नक्षत्र, मूल नक्षत्र, रेवती नक्षत्र !

ऐसे 9 नक्षत्र जिनमें गर्भधारण से महान व्यक्तित्व बनते हैं

अर्थात गर्भधारण हेतु श्रेष्ठ 9 नक्षत्र:- रोहिणी, मृगशिरा, पुष्य, हस्त, चित्रा, अनुराधा, श्रवण, धनिष्ठा, रेवती!

नोट:- असली गर्भाधान मुहूर्त निकालते समय इसके साथ ये भी देखे जाते हैं:

- भद्रा न हो
- गर्भधारण की शुभ तिथि हो
- शुभ नक्षत्र हो
- शुभ लग्न हो
- पंचक न हो
- चातुर्मास न हो
- कोई व्रत या त्यौहार न हो
- कोई ग्रहण काल न हो
- श्राद पक्ष न हो
- गण्डमूल न हो
- माल मास न हो
- अशुभ तिथि न हो
- चंद्रमा पाप ग्रह से पीड़ित न हो
- चंद्रमा क्षीण न हो
- गोचर में लग्नेश 6, 8, 12, भावों में न हो
- अष्टम लग्न छोड़ा गया हो
- गुरु ग्रह अस्त न हो
- शुक्र ग्रह अस्त न हो
- कुंडली में अच्छी महा-दशा, अन्तर्दशा हो

उद्देश्य के अनुसार सबसे अच्छे नक्षत्र

1) बुद्धिमान / पढ़ाई में तेज संतान के लिए श्रेष्ठ नक्षत्र:मृगशिरा, हस्त, श्रवण, स्वाती, पुनर्वसु

2) धार्मिक / संस्कारी / सात्त्विक संतान के लिए श्रेष्ठ नक्षत्र:पुष्य, पुनर्वसु, अनुराधा, उत्तराषाढ़ा, रेवती

3) सुंदर / आकर्षक / कलात्मक संतान के लिए श्रेष्ठ नक्षत्र: रोहिणी, चित्रा, पूर्वाफाल्गुनी, तुला-प्रकृति वाले स्वाती/हस्त

4) तेजस्वी / नेतृत्वशील / प्रभावशाली संतान के लिए श्रेष्ठ नक्षत्र: अश्विनी, मघा, उत्तराफाल्गुनी, धनिष्ठा, कृत्तिका (मध्यम-उग्र)

5) भाग्यशाली / कुल-गौरव / सफल संतान के लिए श्रेष्ठ नक्षत्र: उत्तराषाढ़ा, श्रवण, रोहिणी, मघा, रेवती

6) आध्यात्मिक / intuitive / गहरी सोच वाली संतान के लिए श्रेष्ठ नक्षत्र:पुनर्वसु, अनुराधा, उत्तराभाद्रपदा, रेवती, पूर्वाभाद्रपदा (intense spiritual).

QUICK MASTER TABLE (एक नज़र में)

नक्षत्र	संभावित संतान स्वभाव	रेटिंग
अश्विनी	तेज, एक्टिव, साहसी	★★★★
भरणी	intense, जिद्दी	★★
कृत्तिका	तेजस्वी, assertive	★★★
रोहिणी	सुंदर, संस्कारी, समृद्ध	★★★★★
मृगशिरा	बुद्धिमान, जिज्ञासु	★★★★★
आर्द्रा	अशांत, परिवर्तनशील	★
पुनर्वसु	धार्मिक, भाग्यशाली	★★★★★
पुष्य	संस्कारी, सात्त्विक	★★★★★
आश्लेषा	गूढ़, जटिल	★
मघा	प्रतिष्ठित, कुल-गौरव	★★★★
पूर्वाफाल्गुनी	कलात्मक, आकर्षक	★★★

उत्तराफाल्गुनी	स्थिर, सफल, जिम्मेदार	★★★★★
हस्त	बुद्धिमान, कुशल	★★★★★
चित्रा	creative, आकर्षक	★★★★
स्वाती	स्वतंत्र, इंटेलिजेंट	★★★★
विशाखा	ambitious	★★★
अनुराधा	भक्तिमय, संतुलित	★★★★★
ज्येष्ठा	dominant, तीव्र	★
मूल	karmic, uprooting	★
पूर्वाषाढ़ा	expressive, confident	★★★
उत्तराषाढ़ा	नैतिक, सफल	★★★★★
श्रवण	विद्वान, संस्कारी	★★★★★
धनिष्ठा	प्रतिभाशाली, सफल	★★★★
शतभिषा	शोधप्रिय, inward	★★
पूर्वभाद्रपदा	आध्यात्मिक, intense	★★★
उत्तराभाद्रपदा	ज्ञानी, धैर्यवान	★★★★★
रेवती	दयालु, सौम्य, भाग्यशाली	★★★★★

नोट:- गर्भधारण मुहूर्त में सभी बातों का विचार करना संभव नही हो सकता जितना संभव हो उतनी बातों का विचार करें !

Quick Master Calendar Table (Monthly)

Month	Best For	Verdict
January	अनुशासित, practical	⭐⭐⭐⭐
February	सुंदर, refined	⭐⭐⭐⭐⭐
March	तेजस्वी, leadership	⭐⭐⭐⭐
April	balanced उत्तम संतान	⭐⭐⭐⭐⭐
May	बुद्धिमान, study-oriented	⭐⭐⭐⭐⭐
June	धार्मिक, संस्कारी	⭐⭐⭐⭐⭐
July	family-oriented, caring	⭐⭐⭐⭐
August	प्रतिष्ठित, तेजस्वी	⭐⭐⭐⭐
September	विद्वान, disciplined	⭐⭐⭐⭐⭐
October	सुंदर, balanced, artistic	⭐⭐⭐⭐⭐
November	spiritual, deep, wise	⭐⭐⭐⭐⭐
December	भाग्यशाली, ज्ञानी, धार्मिक	⭐⭐⭐⭐⭐

अध्याय - 14

गर्भधारण में मृत्यु तिथि/श्राद पक्ष विचार

मृत्यु-तिथि (पितृ तिथि) का विचार

क्या होती है मृत्यु-तिथि?

जिस तिथि (चंद्र तिथि) को किसी पूर्वज/परिजन का देहांत हुआ हो उसे ही पितृ तिथि कहते हैं

गर्भाधान में इसका प्रभाव- शास्त्रों में माना गया है कि इस तिथि को शुभ कार्य नहीं करना चाहिए गर्भाधान नहीं करना चाहिए

- अशुभ क्यों माना जाता है?

1. पितृ ऊर्जा सक्रिय होती है-पितरों का स्मरण / तर्पण होता है "श्रद्धा और विरक्ति" की ऊर्जा होती है जबकि गर्भाधान = "नया सृजन" दोनों ऊर्जा विपरीत हैं

2. मानसिक स्थिति इस दिन मन स्वाभाविक रूप से गंभीर / भावुक होता है और गर्भाधान में मन की स्थिति बहुत महत्वपूर्ण होती है अगर अनजाने में गर्भधारण हो जाए:कोई भारी दोष नहीं कुंडली देखकर ही अंतिम निर्णय पता चलता है

2. श्राद्ध पक्ष का विचार- क्या है श्राद्ध पक्ष?

भाद्रपद पूर्णिमा के बाद से अमावस्या तक (~15 दिन)

2026 में श्राद पक्ष लगभग: सितम्बर – अक्टूबर के बीच होगा

गर्भाधान में श्राद्ध पक्ष क्यों छोड़ा जाता है?

1. पितृ प्रधान समय

- यह पूरा समय पितरों को समर्पित होता है
- देव कार्य कम, पितृ कार्य अधिक

2. सृजन ऊर्जा कमजोर

- यह समय "त्याग, स्मरण, शांति" का है
- "नया जीवन शुरू करने" का नहीं

3. शास्त्रीय निषेध: इस समय विवाह, गर्भधारण, मुंडन आदि शुभ कार्य नहीं करने चाहिए !

क्या श्राद्ध पक्ष में गर्भाधान से दोष होता है?

सीधा डरने वाली बात नहीं है, लेकिन: शास्त्र कहते हैं:

होने वाली संतान पितृ ऋणी होगी ! संतान की मानसिक स्थिति कमजोर हो सकती है !

श्राद्ध पक्ष में क्या करना चाहिए:-पितरों का तर्पण, दान, सेवा, पिंड दान, शांति और संयम

गर्भाधान = "नया जीवन" श्राद्ध = "पूर्वजों का स्मरण"

इसलिए शास्त्र कहते हैं: "सृजन और विसर्जन एक साथ नहीं होने चाहिए"

अध्याय - 15

सम/विषम दिन का विचार

गर्भधारण (Conception) में सम (Even) और विषम (Odd) दिन का विचार गरुड़ पुराण, पराशर संहिता, सुश्रुतसंहिता, गर्भोपनिषद्, में एक सूक्ष्म और महत्वपूर्ण नियम माना गया है। यह मुख्य रूप से संतान के स्वभाव, लिंग संकेत (traditional belief) और ऊर्जा संतुलन से जुड़ा बताया गया है।

आइए इसे गहराई से समझते हैं

1. सम (Even) और विषम (Odd) दिन क्या होते हैं?

- सम दिन (Even Days): 2, 4, 6, 8, 10, 12, 14, 16, 18, 20, 22, 24, 26, 28, 30
- विषम दिन (Odd Days): 1, 3, 5, 7, 9, 11, 13, 15, 17, 19, 21, 23, 25, 27, 29

यहाँ "दिन" का मतलब मासिक चक्र (Menstrual Cycle) के दिन से होता है (पीरियड के पहले दिन से गिनती शुरू होती है)।

2. शास्त्रीय मान्यता (Traditional Belief)

✓ सम दिन में गर्भधारण:

- पुत्र (Boy) प्राप्ति की संभावना मानी गई है
- संतान में: तर्कशक्ति, नेतृत्व, स्थिरता अधिक, पितृ गुणों की प्रधानता होती है !

✓ विषम दिन में गर्भधारण:

- पुत्री (Girl) प्राप्ति की संभावना मानी गई है
- संतान में:भावनात्मकता, कला, सौम्यता, मातृ गुणों की प्रधानता होती है !

महत्वपूर्ण: यह केवल शास्त्रीय/पारंपरिक मान्यता है, वैज्ञानिक रूप से लिंग निर्धारण शुक्राणु (X/Y) से होता है।

3. ऊर्जा (Energy) का सिद्धांत: ज्योतिष के अनुसार :
सम दिन = स्थिर, सूर्य प्रधान (Masculine Energy)
विषम दिन = चंद्र/शुक्र प्रधान (Feminine Energy)
इसलिए कहा जाता है कि जिस दिन की जैसी ऊर्जा होगी, उसी प्रकार के गुण संतान में विकसित होंगे।
उदाहरण 1 :-मान लो:

- पीरियड शुरू हुआ → 1 मार्च तो:
- Day 5 → 5 मार्च (विषम)
- Day 6 → 6 मार्च (सम)
- Day 11 → 11 मार्च (विषम, highly fertile)
- Day 12 → 12 मार्च (सम, highly fertile)

अब:

- 11 मार्च → पुत्री योग strong
- 12 मार्च → पुत्र योग strong

Final निष्कर्ष

- ✓ Day 1–7 → ये दिन छोड़ने होंगें
- ✓ Day 8–16 → मुख्य गर्भधारण के दिन
- ✓ Even days → पुत्र योग (मान्यता)
- ✓ Odd days → पुत्री योग (मान्यता)
- ✓ Day 11–15 → सबसे powerful window

जरूरी सच (Reality Check):-लिंग निर्धारण विज्ञान के अनुसार X/Y chromosome से होता है (सम–विषम दिन शास्त्रीय मान्यता अनुसार)

उदाहरण 2:-मान लो: पीरियड का पहला दिन = 10 अप्रैल

अब गिनती शुरू करतें हैं :-

- Day 1 → 10 अप्रैल (विषम)
- Day 2 → 11 अप्रैल (सम)
- Day 3 → 12 अप्रैल (विषम)
- Day 4 → 13 अप्रैल (सम)
- Day 5 → 14 अप्रैल (विषम)
- Day 6 → 15 अप्रैल (सम)
- Day 7 → 16 अप्रैल (विषम)

} 1 से 7 दिन अर्थात 10 अप्रैल से 16 अप्रैल तक गर्भधारण नहीं करना है !

- Day 8 → 17 अप्रैल (सम)
- Day 9 → 18 अप्रैल (विषम)
- Day 10 → 19 अप्रैल (सम)
- Day 11 → 20 अप्रैल (विषम *)
- Day 12 → 21 अप्रैल (सम *)
- Day 13 → 22 अप्रैल (विषम *)
- Day 14 → 23 अप्रैल (सम *)
- Day 15 → 24 अप्रैल (विषम *)
- Day 16 → 25 अप्रैल (सम)

विश्लेषण:- 20–24 अप्रैल (Day 11–15) = गर्भाधान के लिए सबसे उपजाऊ अवधि होगी !

- 20 अप्रैल → विषम → पुत्री योग
- 21 अप्रैल → सम → पुत्र योग
- 22 अप्रैल → विषम → पुत्री योग
- 23 अप्रैल → सम → पुत्र योग

- 24 अप्रैल → विषम → पुत्री योग

अगर कोई दंपत्ति पुत्र प्राप्ति चाहता है तो उसे 21 और 23 अप्रैल चुनना चाहिए!
अगर कोई दंपत्ति पुत्री प्राप्ति चाहता है तो उसे 20, 22 और 24 अप्रैल को चुनना चाहिए!

उदाहरण 3:मान लो पीरियड (Day 1) = 25 जून
अब गिनती करने पर

- Day 1 → 25 जून (विषम)
- Day 2 → 26 जून (सम)
- Day 3 → 27 जून (विषम)
- Day 4 → 28 जून (विषम)
- Day 5 → 29 जून (विषम)
- Day 6 → 30 जून (सम)
- Day 7 → 1 जुलाई (विषम)

} 25 जून से 1 जुलाई तक गर्भधारण नहीं करना है !

- Day 8 → 2 जुलाई (सम)
- Day 9 → 3 जुलाई (विषम)
- Day 10 → 4 जुलाई (सम)
- Day 11 → 5 जुलाई (विषम *)
- Day 12 → 6 जुलाई (सम *)
- Day 13 → 7 जुलाई (विषम *)
- Day 14 → 8 जुलाई (सम *)
- Day 15 → 9 जुलाई (विषम *)
- Day 16 → 10 जुलाई (सम)

अब आपको अपनी इच्छित संतान का चुनाव करना है !
5–9 जुलाई = गर्भधारण हेतु सबसे उपजाऊ समयावधि !
अब देखें:

5 जुलाई → विषम → पुत्री योग

- 6 जुलाई → सम → पुत्र योग
- 7 जुलाई → विषम → पुत्री योग
- 8 जुलाई → सम → पुत्र योग
- 9 जुलाई → विषम → पुत्री योग

सबसे महत्वपूर्ण बात :-

आपको हमेशा ये 3 चीजें साथ देखनी हैं:

- Day 5–16 → conception window
- Day 11–15 → strongest fertile
- Even vs Odd → योग का संकेत

व्यावहारिक वास्तविकता:-

- अगर fertile window miss हो गया → सम–विषम का कोई फायदा नहीं होगा!
- अगर fertile window hit हो गया → तब सम–विषम meaningful बनता है!

Best result के लिए:

- Day 12 या 14 (Even + Peak fertility)
- या Day 11 या 13 (Odd + Peak fertility)

यहीं से "सटीक गर्भाधान योजना" शुरू होती है

नोट:- सम-विषम दिनों के साथ गर्भधारण हेतु मुहूर्त और अपनी कुण्डली विश्लेषण करना न भूलें !

मासिकधर्म व सम-विषम दिनों का विचार

रजस्वला नियम विधान{स्रोत-अथर्ववेदीय ज्यौतिषम्}

श्लोक:- बाह्मणी त्रयोदशाहं स्नाता पुष्म
शूद्रीणमपि सर्वासां दश रात्रौ विधीयते ।
वर्णक्रमेण नारीणा मेष पुष्प विधिः स्मृतः !

भावार्थ - ब्राह्मणी रजस्वला होने के पश्चात 13वें दिन, क्षत्रिय की स्त्री 12वें दिन, वैश्य की स्त्री 11वें दिन, शूद्रों की स्त्रियों को रजस्वला होने के 10वें दिन बाद स्नान करना चाहिये इस प्रकार चारों वर्णों की स्त्रियों के मासिक धर्म के बाद के स्नान की विधि बतलाई है।

श्लोक:- यादृशे नहिभावेन संभाषन्ती समाचरेत् । तादृशो जायते गर्भस्तस्माद रक्षेत् रजस्वलाम् !

भावार्थ - रजस्वला स्त्री जिस-जिस भाव में जैसा-जैसा आचरण करेगी वैसी ही वैसी उसकी सन्तान होगी। अतः रजस्वला को सदआचरण करना चाहिए व उसकी रक्षा करना आवश्यक है।

गर्भाधान सम्बन्धी तिथियां

श्लोक:- निष्ठीवितागौरिव मन्दचारी तंद्री प्रहृष्टा हृदयव्यथाच।
तृप्तिस्तु वीजग्रहणेचयोन्यांगर्भस्य सद्योनिगद स्यलिंगम् ।

भावार्थ:- निष्ठीविता अर्थात रौथ करती हुई गौ की तरह धीरे-धीरे चलने वाली, आलस्य युक्त, प्रसन्न मन वाली, हृदय में जिसे गर्भाधान की इच्छा हो; ऐसी बीज ग्रहण में समर्थ स्त्री की योनि में लिंग द्वारा गर्भाधान संस्कार करें।

श्लोक:- षष्ठे संभवते गर्भस्तद् वैषष्ठः प्रशस्यते । अदै चक्षुनिष्पत्ति स्त्रिभिर्मासैस्तु जायते ।

भावार्थ - छटवें दिन गर्भ स्थित हो जाता है अतः वह श्रेष्ठ है

3 मास में गर्भस्थ बालक के नेत्रादि अंग बनने लगते हैं।

श्लोक:- ऋतु स्वाभाविक स्त्रीणां रात्रयः षोडशः स्मृताः ।
चतुर्भिरितरैः सार्धमहोभिः सिद्धिगर्हितै : ।

भावार्थ - स्त्रियों के ऋतु के स्वाभाविक दिन 16 माने जाते है। जिनमें प्रारम्भ के 4 दिन निषिद्ध है शेष दिनों में गर्भाधान करना चाहिये।

श्लोक:-तासामाद्याश्चतसस्तु निन्दित्तकादशीतु या। त्रयोदशीच शेषास्युः प्रशस्ताः दशरात्रयः ।

भावार्थ -प्रथम चार रात्रियां, ग्यारहवीं रात्रि और तेरहवी रात्रि -ये छः दिन तो निन्दित है, शेष दस दिन शुभ माने जाते हैं।

श्लोक:- युग्मास पुत्राः जायन्ते स्त्रियोऽयुग्मासु रात्रिषु।
तस्माद् युग्मासुपुत्रार्थी संविशे दार्तवेस्त्रियाम् ।

भावार्थ -युग्म (सम)जैसे 2-4-6-8 इत्यादि संख्या वाली रात्रियों में गर्भाधान करने से पुत्र जन्म होता है। और अयुग्म (विषम)जैसे 1-3-5 इत्यादि संख्या वाली रात्रि में संभोग करने से कन्या का जन्म होता है, इसलिये पुत्र की इच्छा वालों को चाहिये कि रजोधर्म के पश्चात युग्म दिनों में ही गर्भाधान करें।

नोट- गर्भधारण के लिए सम-विषम रात्री का विचार मासिक धर्म वाले दिन से गिनकर करें !

श्लोक:- पुमान् पुंसोऽधिके शुक्रे स्त्री भवत्यधिके स्त्रियः।
समेपुमान् पुंस्त्रियोवा क्षीणे चाल्पे विपर्ययः ।

भावार्थ - यदि पुरुष का वीर्य बलवान होगा तो पुत्र सन्तान होगी और यदि स्त्री का रज प्रबल हुआ तो कन्या का जन्म होगा। यदि दोनों के रज वीर्य समान बली हुये तो कभी बालक कभी कन्या होती है। यदि क्षीण वीर्य या अल्प वीर्य होगा तब कन्यायें अधिक होंगी।

श्लोक:- चतुर्थ्यां जायते पुत्रोऽल्पायुर्गुण वर्जितः विद्याचार परिभ्रष्टो दरिद्रः क्लेशभाजनः।

भावार्थ - चौथी रात्रि में गर्भाधान से जो पुत्र होता है, वह अल्पायु वाला, गुणों से रहित, नियम एवं आचार विचारों को न मानने वाला, दरिद्री और दुःखी रहने वाला होता है।

श्लोक:- पञ्चम्यां पुत्रिणी नारी षष्ठयां पुत्रस्तु पुत्रवान्। सप्तम्यां प्रजां कन्यामष्टमयामीश्वरः सुतः !

भावार्थ- पांचवी रात्रि में गर्भाधान से कन्या उत्पन्न होती है - छठवीं रात्रि में करने से पुत्र उत्पन्न होता है, सातवीं में कन्या व आठवी रात्रि में गर्भाधान करने से भाग्यवान् पुत्र उत्पन्न होता है।

श्लोक:- सप्तमे प्रियते जन्तुस्तन्मुहूर्तमपि वर्जयेत्। स्नातायां दशमी तस्यां श्राद्धं तत्र विवर्जयेत्।

भावार्थ - सातवीं रात्रि में गर्भाधान करने से बालक की मृत्यु हो जाती है, इसलिये इसको त्याग देवे। दशवी रात्रि के गर्भसे अयोग्य सन्तान होती है जो श्रद्धादिक कर्म नहीं करती।

श्लोक:- नवम्यां सुभगा नारी दशम्यां प्रवरः सुतः।
एकादश्यामधर्मा स्त्री द्वादश्यां पुरुषोत्तमः
शानार्थ बवामी रात्रि में संस्कार से सौभाग्यवती कन्या उत्पन्न
एकादश्यामधर्मा स्त्री द्वादश्यां पुरुषोत्तमः

भावार्थ - नवमीं रात्रि में संस्कार से सौभाग्यवती कन्या उत्पन्न होती है। दशवीं रात्रि में पुत्र का जन्म होता है। ग्याहवी रात्रि में अधर्माचरण करने वाली कन्या होती है। और बारहवीं रात्रि में पुरुषों में श्रेष्ठ पुत्र होता है।

श्लोक:- त्रयोदश्यां सर्व शठापापा वर्णसंकरकारिणी। जायते सर्व दुष्टा स्त्री दुःखशोकभय प्रदा।

भावार्थ - तेरहवीं रात्रि में गर्भाधान करने से मूर्ख, पापाचरण करने वाली, वर्णशंकर सन्तान उत्पन्न करने वाली, तथा दुःख एवं

शोकप्रदा दुष्टा कन्या का जन्म होता है।

श्लोकः- धर्मज्ञश्च कृतज्ञश्च शासितात्मा तपो निधिः। जायते च चतुर्दश्यां पितेव जगतः पति। ।

भावार्थ - चौदहवीं रात्रि के गर्भ से धर्मात्मा, कृतज्ञ, अपने ऊपर नियंत्रण रखने वाला, तपस्या करने वाला एवं संसार पर अधिकार रखने वाला, पिता के समान पुत्र उत्पन्न होता है ।

श्लोक:- राजपत्नी महाभागा राजवशं गताः स्त्रयः। जायते पञ्चदश्यांतु बहुभोगा पतिव्रताः !

भावार्थ - पन्द्रहवें दिन गर्भाधान करने से राजवंशों के समान सुन्दर, अधिक भाग्यशाली, अधिक सुखों को भोगने वाली तथा पतिव्रता कन्या उत्पन्न होती है।

श्लोक:- विद्यालक्षणसम्पन्नः सत्यवादी जितेन्द्रियः। आधारः सर्व भूतानां षोडस्यांयः प्रजायते ।

भावार्थ- सोलहवीं रात्रि के गर्भ से, विद्वान, सत्य बोलने वाला, जितेन्द्रिय एवं सबका पालन करने वाला पुत्र उत्पन्न होता है।

श्लोक:- कन्यातु विकले ज्ञेया युग्मे भवति मानवः। तृतीया संततिर्यस्य तदरक्षेत् कुलदूषकम् ।

भावार्थ - ऊनी संख्या (विषम)की रात्रियां जैसे 1,3,5 इत्यादि में गर्भरहने से कन्या का जन्म होता है और पूर्ण संख्या जैसे 2,4,6 इत्यादि के गर्भ से पुत्र का जन्म होता है तथा इसके विपरीत तीसरी सन्तान क्लीव या नपुंसक से बचना चाहिये क्योंकि वह कुल में कलंक लगाने वाली होती है।

श्लोक:- अंगादंग संभूतं स्वमंगमधितिष्ठति । पिता पुत्रत्वमापन्नो जायते म्रियते पिवा ।

भावार्थ -अंग प्रत्यंग के सम्पर्क से सन्तान की उत्पत्ति होती है!

श्लोकः- पिता पुत्रत्वमापन्नो जायते म्रियते पिवा

भावार्थ -अंग प्रत्यंग के सम्पर्क से सन्तान की उत्पत्ति होती है,

पिता ही सन्तान के रूप में जन्म लेता है, और वही मृत्यु को भी प्राप्त होता है। पिता का ही रूप पुत्रादि सन्तान मानी गई है।

श्लोक: - "आत्मावै जायते सुनूः"

एवमेव त्रिभिभावैः सन्ततिश्च पुनः । अच्छिन्नो दैवतस्तंतु प्रजास्तस्भात् प्रजायते ।

भावार्थ - उपरोक्त पुत्र कन्या और क्लीव ये तीन रूपों में बार-बार सन्तान का जन्म होता है। दैव के सम्बन्ध से वंश की वृद्धि के लिए ही पुत्र का जन्म होता है।

श्लोक:- धर्मार्थ काम युक्तानि क्रूराणि मृदू निच। सिद्ध्यर्थ योनियोगेषु कुर्यात्कर्माणि नित्यशः. ।

भावार्थ- धर्म, अर्थ और काम की सिद्धियों के निमित्त कठोर एवं सरल सभी प्रकार के कर्मों को सदैव करते रहना चाहिये। -

श्लोक:- एवं नक्षत्रयो गेषु त्रिषु कर्म समारभेत् । धर्मार्थ कर्मणामर्थे स्वकर्म फलमश्नुते ।

भावार्थ- ऊपर कहे गये धर्म, अर्थ एवं काम की सिद्धि के लिये नक्षत्रों के शुभाशुभ फल को देखकर कार्य करने से अपने-अपने कर्मों के फल को मनुष्य स्वयं प्राप्त करता है।

श्लोक:- शान्तिमिश्च तथान्य च्चमुपवासै वृतादिभिः। येऽर्चयन्ति महात्मानं सर्व प्रशमयन्ति ते !

भावार्थ -जो व्यक्ति शान्ति पाठ, व्रत एवं उपवासों की विधि को अपनाता है उसके घर बार-बार सन्तान का जन्म होता है। दैव के सम्बन्ध से वंश की वृद्धि के लिए ही पुत्र का जन्म होता है।

श्लोक:- धर्मार्थ काम युक्तानि क्रूराणि मृदू निच। सिद्ध्यर्थ योनियोगेषु कुर्यात्कर्माणि नित्यशः. ।

भावार्थ-धर्म, अर्थ और काम की सिद्धियों के निमित्त कठोर एवं सरल सभी प्रकार के कर्मों को सदैव करते रहना चाहिये। -

श्लोक:- एवं नक्षत्रयो गेषु त्रिषु कर्म समारभेत् । धर्मार्थ कर्मणामर्थे

स्वकर्म फलमश्नुते ।

भावार्थ- ऊपर कहे गये धर्म, अर्थ एवं काम की सिद्धि के लिये नक्षत्रों व ग्रहों के शुभाशुभ फल को देखकर कार्य करने से अपने-अपने कर्मों के फल को मनुष्य स्वयं प्राप्त करता है।

श्लोक:-न्तिमिश्र तथान्य च्चमुपवासै वृतादिभिः। येऽर्चयन्ति महात्मानं सर्व प्रशमयन्ति ते !

भावार्थ- जो व्यक्ति शान्ति पाठ, व्रत एवं उपवासों की साधना पूर्वक महात्माओं की पूजा करते है उनके सभी दोष शान्त हो जाते है।

श्लोक:- मनीषिणाम् । उपवासैर्गवां दानै स्तर्पणैश्च ग्रहनक्षत्रजाः दोषाः प्रशाम्यन्तीह देहिनाम् ।९।

भावार्थ- व्रत व उपवास करने से, गौओं के दान से, ऋषियों के लिये तर्पण करने से अथवा विद्वान ब्राह्मणों को संतुष्ट करने से ग्रह नक्षत्रों से उत्पन्न होने वाले दोष अवश्य ही शान्त हो जाते है।

श्लोक:- नक्षत्राणि ग्रहाश्चैव देवता पितरो द्विजः पूजिता प्रति पूज्यन्ते निर्दहन्त्यपमानिताः । १० ।

भावार्थ- जो व्यक्ति, ग्रह नक्षत्र, देवता, पितर और ब्राह्मणों की पूजा करता है। संसार में उसकी भी पूजा होती है और यदि इनका अपमान करता है तो ये उसका सर्वनाश कर डालते है।

श्लोक:- आत्म ज्योतिषमित्युक्तं स्वयंमुक्तं स्वयं भुवा। तत्वतः पृच्छमानस्य काश्वस्य महात्मनः । ११।

भावार्थ- जब गंभीरता पूर्वक श्री कश्यप जी ने प्रश्न किया तब स्वयं ब्रह्मा जी ने इस आत्मतत्व को प्रकट करने वाले ज्योतिष का वर्णन किया।

श्लोक:- तासां आद्याश्चतस्रस्तु निन्दितैकादशी च या ।
त्रयोदशी च शेषास्तु प्रशस्ता दशरात्रयः ॥ (स्रोत -मनुस्मृति)

भावार्थ- ऋतुकाल में से प्रथम चार रात्रियाँ तथा 11वीं व 13वीं रात्रि निषिद्ध है। शेष दस रात्रियाँ संतानप्राप्ति हेतु सहवास करने के लिए प्रशस्त हैं।

श्लोक:- यथा एकूत्तरोत्तरम विद्यादायुरारोग्यमेव च।
प्रजासौभाग्यमैश्वर्यम बलं च दिवसेषु वै। **(स्रोत-शुश्रुत संहिता)**

भावार्थ- ऋतुकाल की चौथी रात्रि को निषिद्ध नहीं माना है अपितु यह स्पष्ट किया है कि ऋतुकाल की उत्तरोत्तर (12, 14, 15 व 16 वीं) रात्रियों में गर्भाधान होने पर बालक की विद्या, आयुष्य, आरोग्य, पौरुष, प्रजा (संतान), सौभाग्य, ऐश्वर्य एवं बल अधिकाधिक होता है।

स्रोत- गरुड़ पुराण :- " युग्म (सम) तिथिवाली रात्रियों में सहवास करने से पुत्र तथा अयुग्म (विषम) रात्रियों में सहवास करने से कन्या की प्राप्ति होती है। <u>ऋतुकाल के प्रथम सप्ताह को छोड़कर द्वितीय सप्ताह से सहवास में प्रवृत्त होना चाहिए।</u> यदि 14वीं रात्रि में गर्भाधान की क्रिया होती है तो उस गर्भ से गुणवान, भाग्यवान, धनवान तथा धर्मनिष्ठ पुत्र का जन्म होता है। "

सार: - मासिक धर्म से गिनकर प्रथम 7 रात्री गर्भधारण के लिए अच्छी नही मानी गई हैं! शुभ रात्री _ से व अशुभ रात्री सामान्य रूप से अंकित की गई हैं !

1 2 3 4 5 6 7 <u>8 9</u> 10 11 <u>12</u> 13 <u>14 15 16</u> ....

आधुनिक विज्ञान के अनुसार स्त्री बीज की निर्मिति प्रायः ऋतुकाल के 14 वें दिन होती है। स्त्री-बीज 12 से 24 घंटे जीवित रहता है। शुक्राणु गर्भाशय में प्रविष्ट होने के बाद सामान्यतः 5 दिन तक जीवित रहते हैं परंतु उत्तरोत्तर उनकी गुणवत्ता न्यून होती जाती है। सम्भवतः इसी कारण वेद एवं

पुराण में उत्तम संतान प्राप्ति हेतु ऋतुकाल की उत्तरोत्तर रात्रियों का चयन करने का विधान है ताकि गर्भाशय में प्रवेश के उपरान्त शुक्राणु का स्त्री-बीज से यथाशीघ्र संयोग हो सके। ऋतुकाल समाप्त होने के बाद अगले ऋतुकाल की 11वीं रात्रि तक संयम से रहना चाहिए।

वाग्भट्टचार्य कथन :- विवाहित दम्पति के लिए संयम का महत्व!

श्लोक :- स्मृतिमेधायुरारोग्यपुष्टीन्द्रिययशोबलैः अधिका मन्दजरसो भवन्ति स्त्रीषु संयताः!

भावार्थ :- जो पुरुष-स्त्री सहवास में अपने मन को वश में रखते हैं, उनकी स्मरणशक्ति, मेधा, आयु, आरोग्य, पुष्टि, इन्द्रिय - शारीरिक मानसिक बल व यश अधिक होते हैं - वे मंद गति से से वृद्ध होते हैं। सहवास की संख्या जितनी कम होगी अर्थात जितना अधिक ब्रह्मचर्य उतनी ही वीर्य की स्वस्थता और सशक्तता बढ़ेगी और संतान भी स्वस्थ पुष्ट मेधावी संयमी तथा उत्तम चरित्रवाली होगी।

अध्याय - 16

पक्ष का विचार

गर्भधारण में शुक्ल पक्ष और कृष्ण पक्ष का विचार भारतीय ज्योतिष और आयुर्वेद में मिलता है। यह मुख्यतः पारंपरिक मान्यता है (वैज्ञानिक रूप से प्रमाणित नहीं), लेकिन इसे इस प्रकार समझा जा सकता है:

1. शुक्ल पक्ष में गर्भधारण:-(अमावस्या से पूर्णिमा की ओर अर्थात चंद्रमा बढ़ता है)इससे जुडी विशेषताएँ: भाग्यशाली और आकर्षक व्यक्तित्व, शरीर में अच्छा विकास और ऊर्जा, स्वस्थ और मजबूत संतान, बुद्धिमान और तेजस्वी, सकारात्मक और शांत स्वभाव!

ज्योतिषीय कारण :चंद्रमा की बढ़ती हुई शक्ति (वृद्धि)
शरीर में ओज और ऊर्जा अधिक!

2. कृष्ण पक्ष में गर्भधारण:(पूर्णिमा → अमावस्या, चंद्रमा घटता है) इससे जुडी विशेषताएँ:

- स्वभाव में संवेदनशीलता या उतार-चढ़ाव
- सामान्य स्वास्थ्य
- मानसिक रूप से थोड़ा अंतर्मुखी
- जीवन में संघर्ष अधिक हो सकता है

ऊर्जा अपेक्षाकृत कम मानी जाती है

ज्योतिषीय कारण:चंद्रमा की घटती हुई शक्ति (क्षय)!

नोट:- आप अपने अनुसार गर्भधारण का पक्ष चुन सकतें हैं !

अध्याय - 17

पवित्र आत्मा का आवाहन

गर्भधारण से पूर्व दम्पति अपनी चित्तवृत्तियों को परमात्मा में स्थिर करके उत्तम आत्माओं को आह्वान करते हुए प्रार्थना करें : 'हे ब्रह्मांड में विचरण कर रहीं सूक्ष्मरूपधारी पवित्र आत्माओ ! हम आपसे प्रार्थना कर रहे हैं हम आपका आवाहन कर रहें कि हमारे घर, जीवन व देश को पवित्र तथा उन्नत करने के लिए आप हमारे घर जन्म धारण करके हमें कृतार्थ करें । हम दोनों अपने शरीर, मन, प्राण व बुद्धि को आपके योग्य बनायेंगे ।' आपके नाम का ये दिव्य ज्योति स्वरुप घी का दीपक हम जला रहे हैं, हे दिव्य आत्मा आओ इसे ग्रहण करो, हे दिव्य आत्मा आओ ये आपके लिए मधुर ऋतु फल हैं इन्हें ग्रहण करो, ये मिष्ठान ग्रहण करो , हमारे यहाँ जन्म लेकर हमें धन्य करो ! नोट- पलंग के पास ही आपको देसी गाय के शुद्ध घी का दीपक जलना है, पवित्र आत्मा का आवाहन करते हुए फल और मिठाई रखनी है !

पुरुष दायें (right) पैर से स्त्री से पहले शय्या(Bed) पर चढ़े और स्त्री बायें (left) पैर से पति के दक्षिण पाश्र्व में शय्या पर चढ़े । तत्पश्चात् निम्नलिखित मंत्र पढ़ना चाहिए :

मन्त्र :-अहिरसि आयुरसि सर्वतः प्रतिष्ठाऽसि धाता त्वा
दधातु विधाता त्वा दधातु ब्रह्मवर्चसा भव ।

ब्रह्मा बृहस्पतिर्बिष्णुः सोमः सूर्यस्तथाऽश्विनौ ।
भगोऽथ मित्रावरुणौ वीरं ददतु मे सुतम् ।

अर्थ:- 'हे गर्भ! तुम सूर्य के समान हो, तुम मेरी आयु हो, तुम सब प्रकार से मेरी प्रतिष्ठा हो । धाता (सबके पोषक ईश्वर) तुम्हारी रक्षा करें, विधाता (विश्व के निर्माता ब्रह्मा) तुम्हारी रक्षा करें । तुम ब्रह्म से युक्त होओ । ब्रह्मा, बृहस्पति, विष्णु, सोम, सूर्य, अश्विनीकुमार और मित्रावरुण, जो दिव्य शक्तिरूप हैं, वे मुझे वीर पुत्र प्रदान करें ।'

* दम्पति गर्भ-विषय में मन लगाकर रहें काम वासना का त्याग करें । इससे तीनों दोष अपने-अपने स्थानों में रहने से स्त्री बीज को ग्रहण करती है । विधिपूर्वक गर्भधारण करने से इच्छानुकूल संतान प्राप्त होती है ।

अगले दिन वह फल और मिठाई देसी गाय को प्रदान करें और सूर्य देव को जल अर्पित करें , बच्चों में फल वितरित करें!

अध्याय - 18

मासिक धर्म चक्र के अनुसार दिन निकालना

“28-day / 30-day / 32-day cycle के अनुसार 2026 सटीक गर्भाधान मुहूर्त तालिका”- यानी:

- अगर मासिक धर्म चक्र 28 दिन है तो कौन से दिन गर्भधारण के लिए सर्वोत्तम हैं
- अगर 30 दिन का है तो कौन से दिन चुने
- अगर 32 दिन का है तो कौन से दिन चुने
- और किस दिन पर कौन-सा सटीक लग्न लेना है

यह सबसे व्यावहारिक और वास्तव में उपयोगी तरीका होगा क्योंकि इसमें ज्योतिष + प्रजनन समय दोनों को जोड़ा गया है!

अगर ovulation window छूट जाए, तो सबसे अच्छा मुहूर्त भी व्यावहारिक रूप से कम उपयोगी हो जाता है।

इसलिए पहला नियम = fertile window,

दूसरा नियम = उसी window के भीतर शुभ मुहूर्त चुनना।

यह Calendar कैसे काम करेगा?

इसमें आपको मासिक चक्र के अनुसार मिलेगा :-

1) 28-day cycle(मासिक धर्म चक्र)

- fertile days कौन-से
- 2026 में किस महीने किस तरह चुनना है !

2) 30-day cycle

- fertile days

3) 32-day cycle

- fertile days

इसके बाद आपको देखना है :-तिथि का चुनाव , कौन सा नक्षत्र चुने , लग्न का चुनाव, श्रेष्ठ समय , अशुभ मुहूर्त हटा दो !

<u>स्टेप 1 – मासिक चक्र (Cycle) के अनुसार फर्टाइल विंडो</u>

1. यदि आपका साइकिल 28 दिनों का है तो :

- सामान्य ओव्यूलेशन (Ovulation) रहेगा : लगभग 14वें दिन होता है
- फर्टाइल विंडो (गर्भधारण की संभावना वाले दिन): 11वें दिन से 16वें दिन तक
- गर्भधारण के लिए सबसे अच्छे दिन: 12वां, 13वां, 14वां और 15वां दिन

2) यदि आपका मासिक चक्र 30 दिनों का हो तो :

सामान्य ओव्यूलेशन (Ovulation) रहेगा :

- लगभग 16वे दिन

फर्टाइल विंडो (गर्भधारण की संभावना वाले दिन):

- 13वे दिन से 18वे दिन तक

गर्भधारण के लिए सबसे अच्छे दिन:

- 14वां, 15वां, 16वां और 17वां दिन

3) यदि आपका मासिक चक्र 32 दिनों का हो तो :

सामान्य ओव्यूलेशन (Ovulation) रहेगा :

- लगभग 18वे दिन

फर्टाइल विंडो (गर्भधारण की संभावना वाले दिन):

- 15वे दिन से 20वे दिन तक

गर्भधारण के लिए सबसे अच्छे दिन:

- 16वां, 17वां, 18वां और 19वां दिन

स्टेप 2 – कौन-से मुहूर्त कारक हर मासिक चक्र पर लागू होंगे?

हमेशा चुनें:श्रेष्ठ नक्षत्र:-रोहिणी, मृगशिरा, पुनर्वसु, पुष्य, हस्त, अनुराधा, उत्तराषाढ़ा, श्रवण, उत्तराभाद्रपदा
श्रेष्ठ वार:-सोमवार, बुधवार, गुरुवार, शुक्रवार
श्रेष्ठ तिथियाँ:-द्वितीया, तृतीया, चतुर्थी, पंचमी, षष्ठी, सप्तमी, नवमी, दशमी, द्वादशी, त्रयोदशी!
श्रेष्ठ गर्भाधान लग्न:-वृषभ, कर्क, कन्या, तुला, धनु, मीन
हर मासिक चक्र में इससे बचें :-अमावस्या, पूर्णिमा, ग्रहण, राहुकाल, भद्रा, प्रतिपदा, अष्टमी, चतुर्दशी, पंचक, आर्द्रा, आश्लेषा, ज्येष्ठा, मूल, रेवती , होली दिवाली , नवरात्री, शिव रात्री आदि जैसे पर्व, मृत्यु तिथि,चातुर्मास !

मास्टर नियम (सबसे ज़रूरी)

अगर पीरियड का पहला दिन (Day 1)= किसी भी महीने की तारीख़ है, तो:
28 दिन का चक्र (Cycle): गर्भधारण के लिए 11–16 दिन चुनें
30 दिन का चक्र: गर्भधारण के लिए 13–18 दिन चुनें
32 दिन का चक्र: गर्भधारण के लिए 15–20 दिन चुनें
अब इन्हीं दिनों के भीतर देखें:

- क्या उस दिन शुभ नक्षत्र है?
- क्या वह दिन सोमवार / बुधवार / गुरुवार / शुक्रवार है?
- क्या रात का कोई शुभ लग्न उपलब्ध है?
- क्या उस लग्न के समय भद्रा/पंचक/गण्डमूल तो नहीं है !
- क्या उस दिन शुभ तिथि है
- क्या उस दिन किसी की मृत्यु तिथि तो नही है
- क्या उस दिन पति-पत्नी की जन्म तिथि तो नही है !

- क्या उस दिन पति-पत्नी की जन्म तिथि तो नही है !
- चंद्रमा पक्षानुसार क्षीण या मृत तो नही है
- उस दिन कोई व्रत या त्यौहार तो नही है
- उस दिन आप दोनों का स्वास्थ्य खराब तो नही है
- उस दिन घर का माहौल तनाव पूर्ण तो नही है
- आप दोनों को किसी प्रकार की कोई चिंता तो नही है

जनवरी 2026 – मासिक चक्र योजना

यदि पीरियड का पहला दिन जनवरी में आता है:28 दिन का चक्र (Cycle):-अगर पीरियड 1 जनवरी को शुरू हुआ:

फर्टाइल दिन = 11–16 जनवरी

इन दिनों पर ध्यान दें: 12, 13, 15, 16 जनवरी

30 दिन का चक्र:-अगर पीरियड 1 जनवरी को शुरू हुआ:

फर्टाइल दिन = 13–18 जनवरी

इन दिनों पर ध्यान दें:14, 15, 16, 17 जनवरी

32 दिन का चक्र:-अगर पीरियड 1 जनवरी को शुरू हुआ:

फर्टाइल दिन = 15–20 जनवरी

इन दिनों पर ध्यान दें:16, 17, 18, 19 जनवरी

जनवरी की सर्वश्रेष्ठ ऊर्जा:- व्यावहारिक, अनुशासित, संस्कारी संतान के लिए उपयुक्त समय होता है!

फ़रवरी 2026 – मासिक चक्र योजना

यदि पीरियड का पहला दिन फ़रवरी में आता है:28 दिन का चक्र अगर पीरियड 8 फ़रवरी को शुरू हुआ:फर्टाइल दिन = 18–23 फ़रवरी

सबसे उपयुक्त दिन:19, 22, 23 फ़रवरी

30 दिन का चक्र:-अगर पीरियड 6 फ़रवरी को शुरू हुआ:

फर्टाइल दिन = 19–24 फ़रवरी

सबसे उपयुक्त दिन:19, 22, 23, 24 फ़रवरी
32 दिन का चक्र:-अगर पीरियड 4 फ़रवरी को शुरू हुआ:
फर्टाइल दिन = 19–24 फ़रवरी
सबसे उपयुक्त दिन:19, 22, 23, 24 फ़रवरी
फ़रवरी की सर्वश्रेष्ठ ऊर्जा:- सुंदर, सुसंस्कृत और संतुलित संतान के लिए उपयुक्त समय होता है!

मार्च 2026 – मासिक चक्र योजना

यदि पीरियड का पहला दिन मार्च में आता है:-28 दिन का चक्र (अगर पीरियड 20 फ़रवरी / 1 मार्च के आसपास शुरू हुआ:
फर्टाइल दिन (ओवरलैप) = 2–6 मार्च
सबसे उपयुक्त दिन:2 मार्च, 5 मार्च, 6 मार्च
30 दिन का चक्र:-अगर पीरियड 16–17 फ़रवरी के आसपास शुरू हुआ:फर्टाइल दिन (ओवरलैप) = 2–6 मार्च
सबसे उपयुक्त दिन:2 मार्च, 5 मार्च, 6 मार्च
32 दिन का चक्र:-अगर पीरियड 12–14 फ़रवरी के आसपास शुरू हुआ: फर्टाइल दिन (ओवरलैप) = 2–6 मार्च
सबसे उपयुक्त दिन:5 मार्च, 6 मार्च
मार्च की सर्वश्रेष्ठ ऊर्जा:- तेजस्वी, साहसी और ऊर्जावान संतान के लिए उपयुक्त समय होता है!

अप्रैल 2026 – मासिक चक्र योजना

यदि पीरियड का पहला दिन अप्रैल में आता है:28 दिन का चक्र अगर पीरियड 22 मार्च के आसपास शुरू हुआ:फर्टाइल दिन (ओवरलैप) = 2–10 अप्रैल
सबसे उपयुक्त दिन:-2, 3, 8, 10 अप्रैल

30 दिन का चक्र:-अगर पीरियड 18–20 मार्च के आसपास शुरू हुआ:फर्टाइल दिन (ओवरलैप) = 2–10 अप्रैल

सबसे उपयुक्त दिन:2 अप्रैल, 3 अप्रैल, 8 अप्रैल, 10 अप्रैल

32 दिन का चक्र:-अगर पीरियड 14–16 मार्च के आसपास शुरू हुआ:फर्टाइल दिन (ओवरलैप) = 2–10 अप्रैल

सबसे उपयुक्त दिन:3 अप्रैल, 8 अप्रैल, 10 अप्रैल

अप्रैल की सर्वश्रेष्ठ ऊर्जा:- समग्र रूप से उत्तम, संतुलित और शुभ संतान के लिए उपयुक्त समय होता है!

मई 2026 – मासिक चक्र योजना

यदि पीरियड का पहला दिन मई में आता है

28-दिन का साइकिल:-अगर पीरियड 9 मई को है:

- फर्टाइल ओवरलैप = 20–25 मई
- सबसे बेहतर दिन:20 मई, 21 मई, 22 मई

30-दिन का साइकिल:-अगर पीरियड 7 मई को है:

- फर्टाइल ओवरलैप = 20–25 मई
- सबसे बेहतर दिन: 20 मई, 21 मई, 22 मई, 24 मई

32-दिन का साइकिल:अगर पीरियड 5 मई को है:

- फर्टाइल ओवरलैप = 20–25 मई
- सबसे बेहतर दिन:20 मई, 21 मई, 22 मई, 24 मई.

मई की सबसे अच्छी ऊर्जा :- बुद्धिमान, पढ़ाई में तेज, अनुशासित (डिसिप्लिन्ड) बच्चा होता है !

जून 2026 – मासिक चक्र योजना

यदि पीरियड का पहला दिन जून में आता है

28-दिन का साइकिल:

अगर पीरियड 6 जून को है:

फर्टाइल ओवरलैप = 17–22 जून
सबसे बेहतर दिन: 17 जून, 18 जून, 19 जून
30-दिन का साइकिल:
अगर पीरियड 4 जून को है:
फर्टाइल ओवरलैप = 17–22 जून
सबसे बेहतर दिन: 17 जून, 18 जून, 19 जून, 21 जून
32-दिन का साइकिल:
अगर पीरियड 2 जून को है:
फर्टाइल ओवरलैप = 17–22 जून
सबसे बेहतर दिन: 17 जून, 18 जून, 19 जून, 21 जून
जून की सबसे अच्छी ऊर्जा: शांत, भावुक, परिवार-प्रेमी बच्चा होता है!

जुलाई 2026 – मासिक चक्र योजना

यदि पीरियड का पहला दिन जुलाई में आता है
28-दिन का साइकिल:
अगर पीरियड 4 जुलाई को है:
फर्टाइल ओवरलैप = 15–20 जुलाई
सबसे बेहतर दिन: 15 जुलाई, 16 जुलाई, 17 जुलाई
30-दिन का साइकिल:
अगर पीरियड 2 जुलाई को है:
फर्टाइल ओवरलैप = 15–20 जुलाई
सबसे बेहतर दिन: 15 जुलाई, 16 जुलाई, 17 जुलाई, 19 जुलाई
32-दिन का साइकिल:
अगर पीरियड 30 जून को है:
फर्टाइल ओवरलैप = 15–20 जुलाई

सबसे बेहतर दिन: 15 जुलाई, 16 जुलाई, 17 जुलाई, 19 जुलाई

अगस्त 2026 – मासिक चक्र योजना

यदि पीरियड का पहला दिन अगस्त में आता है

28-दिन का साइकिल:

अगर पीरियड 1 अगस्त को है:

फर्टाइल ओवरलैप = 12–17 अगस्त

सबसे बेहतर दिन: 12 अगस्त, 13 अगस्त, 14 अगस्त

30-दिन का साइकिल:

अगर पीरियड 30 जुलाई को है:

फर्टाइल ओवरलैप = 12–17 अगस्त

सबसे बेहतर दिन: 12 अगस्त, 13 अगस्त, 14 अगस्त, 16 अगस्त

32-दिन का साइकिल:

अगर पीरियड 28 जुलाई को है:

फर्टाइल ओवरलैप = 12–17 अगस्त

सबसे बेहतर दिन: 12 अगस्त, 13 अगस्त, 14 अगस्त, 16 अगस्त

अगस्त की सबसे अच्छी ऊर्जा: लीडरशिप, आत्मविश्वासी, तेजस्वी बच्चा होता है!

सितम्बर 2026 – मासिक चक्र योजना

यदि पीरियड का पहला दिन सितम्बर में आता है

28-दिन का साइकिल:

अगर पीरियड 29 अगस्त को है:

फर्टाइल ओवरलैप = 9–14 सितम्बर

सबसे बेहतर दिन: 9 सितम्बर, 10 सितम्बर, 11 सितम्बर
30-दिन का साइकिल:
अगर पीरियड 27 अगस्त को है:
फर्टाइल ओवरलैप = 9–14 सितम्बर
सबसे बेहतर दिन: 9 सितम्बर, 10 सितम्बर, 11 सितम्बर, 13 सितम्बर
32-दिन का साइकिल:
अगर पीरियड 25 अगस्त को है:
फर्टाइल ओवरलैप = 9–14 सितम्बर
सबसे बेहतर दिन: 9 सितम्बर, 10 सितम्बर, 11 सितम्बर, 13 सितम्बर
सितम्बर की सबसे अच्छी ऊर्जा: बुद्धिमान, विश्लेषणात्मक, पढ़ाई में तेज बच्चा होता है!

अक्टूबर 2026 – मासिक चक्र योजना
यदि पीरियड का पहला दिन अक्टूबर में आता है
28-दिन का साइकिल:
अगर पीरियड 26 सितम्बर को है:
फर्टाइल ओवरलैप = 7–12 अक्टूबर
सबसे बेहतर दिन: 7 अक्टूबर, 8 अक्टूबर, 9 अक्टूबर
30-दिन का साइकिल:
अगर पीरियड 24 सितम्बर को है:
फर्टाइल ओवरलैप = 7–12 अक्टूबर
सबसे बेहतर दिन: 7 अक्टूबर, 8 अक्टूबर, 9 अक्टूबर, 11 अक्टूबर
32-दिन का साइकिल:
अगर पीरियड 22 सितम्बर को है:

फर्टाइल ओवरलैप = 7–12 अक्टूबर
सबसे बेहतर दिन: 7 अक्टूबर, 8 अक्टूबर, 9 अक्टूबर, 11 अक्टूबर
अक्टूबर की सबसे अच्छी ऊर्जा: संतुलित, आकर्षक, सामाजिक बच्चा होता है!

नवम्बर 2026 – मासिक चक्र योजना
यदि पीरियड का पहला दिन नवम्बर में आता है
28-दिन का साइकिल:
अगर पीरियड 24 अक्टूबर को है:
फर्टाइल ओवरलैप = 4–9 नवम्बर
सबसे बेहतर दिन: 4 नवम्बर, 5 नवम्बर, 6 नवम्बर
30-दिन का साइकिल:
अगर पीरियड 22 अक्टूबर को है:
फर्टाइल ओवरलैप = 4–9 नवम्बर
सबसे बेहतर दिन: 4 नवम्बर, 5 नवम्बर, 6 नवम्बर, 8 नवम्बर
32-दिन का साइकिल:
अगर पीरियड 20 अक्टूबर को है:
फर्टाइल ओवरलैप = 4–9 नवम्बर
सबसे बेहतर दिन: 4 नवम्बर, 5 नवम्बर, 6 नवम्बर, 8 नवम्बर
नवम्बर की सबसे अच्छी ऊर्जा: गंभीर, रहस्यमयी, गहरी सोच वाला बच्चा होता है!

दिसम्बर 2026 – मासिक चक्र योजना
यदि पीरियड का पहला दिन दिसम्बर में आता है
28-दिन का साइकिल:
अगर पीरियड 21 नवम्बर को है:

फर्टाइल ओवरलैप = 2–7 दिसम्बर
सबसे बेहतर दिन: 2 दिसम्बर, 3 दिसम्बर, 4 दिसम्बर
30-दिन का साइकिल:
अगर पीरियड 19 नवम्बर को है:
फर्टाइल ओवरलैप = 2–7 दिसम्बर
सबसे बेहतर दिन: 2 दिसम्बर, 3 दिसम्बर, 4 दिसम्बर, 6 दिसम्बर
32-दिन का साइकिल:
अगर पीरियड 17 नवम्बर को है:
फर्टाइल ओवरलैप = 2–7 दिसम्बर
सबसे बेहतर दिन: 2 दिसम्बर, 3 दिसम्बर, 4 दिसम्बर, 6 दिसम्बर
दिसम्बर की सबसे अच्छी ऊर्जा: धार्मिक, भाग्यशाली, ज्ञानवान बच्चा होता है!

अध्याय - 19

"2026 गर्भाधान मुहूर्त गणना प्रारूप"

भाग 1 – मूल जानकारी

1) स्त्री की मूल जानकारी

- नामः ____________________
- जन्म तिथिः ____________________
- जन्म समयः ____________________
- जन्म स्थानः ____________________

2) पुरुष की मूल जानकारी

- नामः ____________________
- जन्म तिथिः ____________________
- जन्म समयः ____________________
- जन्म स्थानः ____________________

3) वर्तमान निवास / मुहूर्त स्थान

- City / Place: ____________________

भाग 2 – मासिक धर्म / प्रजनन विवरण

1) अंतिम पीरियड की तारीख (LMP)

पीरियड का पहला दिनः ____________________

2) औसत साइकिल(चक्र) अवधि

(✓ एक चुनें)

- 28 दिन
- 30 दिन

- 32 दिन
- अन्य: _______ दिन
- 3) पीरियड की अवधि (कितने दिन ब्लीडिंग रहती है?)
  _______ दिन
- 4) क्या ओव्यूलेशन के लक्षण पता हैं?
- हाँ
- नहीं

यदि हाँ:

- सर्वाइकल म्यूकस: _______________
- ओव्यूलेशन दर्द: _______________
- टेस्ट स्ट्रिप का परिणाम: _______________**

भाग 3 – फर्टाइल विंडो की गणना

नियम (Rule):

यदि साइकिल = 28 दिन

- संभावित ओव्यूलेशन = दिन 14
- फर्टाइल विंडो = दिन 11 से दिन 16

यदि साइकिल = 30 दिन

- संभावित ओव्यूलेशन = दिन 16
- फर्टाइल विंडो = दिन 13 से दिन 18

यदि साइकिल = 32 दिन

- संभावित ओव्यूलेशन = दिन 18
- फर्टाइल विंडो = दिन 15 से दिन 20

नियमावली गणना बॉक्स

पीरियड का पहला दिन:

_______ / _______ / 2026

फर्टाइल विंडो:

_______ से _______ तक

गर्भधारण के लिए सबसे अच्छे दिन:

दिन 1: ________ दिन 2: ________

दिन 3: ________ दिन 4: ________

भाग 4 – पंचांग फ़िल्टर

अब फर्टाइल विंडो के भीतर हर तारीख को पंचांग के अनुसार फ़िल्टर करना है।

हर तारीख पर यह जाँच करें:

1) पक्ष:-शुक्ल पक्ष, कृष्ण पक्ष:- प्राथमिकता: शुक्ल पक्ष

2) शुभ तिथियाँ:द्वितीया, तृतीया, चतुर्थी ,पंचमी, षष्ठी, सप्तमी, नवमी, दशमी!

सामान्य तिथि: द्वादशी, त्रयोदशी

बचें (Avoid):, प्रतिपदा, अष्टमी, चतुर्दशी,अमावस्या, पूर्णिमा

3)श्रेष्ठ वार:सोमवार, बुधवार, गुरुवार, शुक्रवार

कम प्राथमिकता:रविवार, मंगलवार, शनिवार

4) सर्वोत्तम गर्भाधान नक्षत्र:रोहिणी, मृगशिरा, पुनर्वसु, पुष्य, हस्त, अनुराधा, उत्तराषाढ़ा, श्रवण, उत्तराभाद्रपदा!

इनसे बचें (यदि “उत्तम संतान” प्राथमिक लक्ष्य हो):आर्द्रा, आश्लेषा, ज्येष्ठा, मूल, रेवती!

भाग 5 – गर्भधारण हेतु लग्न चुनना

श्रेष्ठ लग्न:-(✓ जो उस समय उपलब्ध हो):- वृषभ, कर्क, कन्या तुला, धनु, मीन

लग्न की गुणवत्ता की जाँच:-

- लग्न पापग्रहों से पीड़ित न हो
- लग्नेश बलवान हो
- पंचम भाव व पंचमेश शुभ हो
- चंद्रमा पाप प्रभाव में न हो
- अष्टम भाव/अष्टमेश अत्यधिक पीड़ित न हो

भाग 6 – गर्भधारण हेतु रात्री समयावधि

यदि सटीक सॉफ़्टवेयर आधारित लग्न तालिका उपलब्ध न हो तो इस अनुशंसित समय विंडो का प्रयोग करें :

09 :30 PM – 11 :30 PM - सर्दियों में

या

10:15 PM – 12:00 PM - गर्मियों में

गर्भधारण समय चयन के दौरान इनसे बचें:राहुकाल, गुलिक काल, यमघण्ट, दुर्मुहूर्त, भद्रा, ग्रहण, पंचक, गण्डमूल, राशी संधि, नक्षत्र संधि, धार्मिक पर्व, व्रत, अपनी जन्म तिथि, परिवार में किसी की मृत्यु तिथि आदि !

भाग 7 - मानसिक / सात्त्विक स्थिति की जांच

यह भाग बहुत महत्वपूर्ण है –

क्योंकि शास्त्रों में गर्भाधान के समय दंपत्ति की मानसिक अवस्था को भी उतना ही महत्वपूर्ण माना गया है।

पति-पत्नी की स्थिति जाँच सूची:-

- दोनों का मन शांत हो
- क्रोध न हो
- भय / तनाव न हो
- मद्य / नशा न हो
- सात्त्विक भोजन हो
- स्नान / शुद्धता हो
- कोई शारारिक बीमारी न हो
- दांपत्य सामंजस्य हो
- शुभ संकल्प हो
- स्थान शुद्ध व सुगन्धित हो

भाग - 8 इच्छित संतान के गुणों का चयन

यहाँ दंपत्ति चुन सकतें हैं कि वह किस प्रकार की संतान हेतु श्रेष्ठ मुहूर्त चाहतें हैं !

उद्देश्य चुनें (✓)1. बुद्धिमान संतान 2. धार्मिक / संस्कारी संतान 3. सुंदर / आकर्षक संतान 4. तेजस्वी / नेतृत्व संतान 5. आध्यात्मिक /अंतर्ज्ञानी संतान 6. संतुलित "उत्तम संतान"

उद्देश्य के अनुसार प्राथमिक नक्षत्र / लग्न

1) बुद्धिमान संतान

नक्षत्र : मृगशिरा, हस्त, श्रवण, स्वाती

लग्न: कन्या, मिथुन, तुला, मीन

2) धार्मिक / संस्कारी संतान

नक्षत्र: पुष्य, पुनर्वसु, अनुराधा, रेवती

लग्न: कर्क, धनु, मीन, वृषभ

3) सुंदर / आकर्षक संतान

नक्षत्र: रोहिणी, चित्रा, रेवती, हस्त

लग्न: वृषभ, तुला, कर्क, मीन

4) तेजस्वी / नेतृत्व संतान

नक्षत्र: अश्विनी, मघा, उत्तराफाल्गुनी, धनिष्ठा

लग्न: मेष, सिंह, धनु

5) आध्यात्मिक /अंतर्ज्ञानी संतान

नक्षत्र: अनुराधा, पुनर्वसु, उत्तराभाद्रपदा, रेवती

लग्न: मीन, धनु, कर्क, वृश्चिक

6) संतुलित - उत्तम संतान

नक्षत्र: रोहिणी, पुष्य, हस्त, अनुराधा, श्रवण, रेवती

लग्न : वृषभ, कर्क, कन्या, तुला, मीन

भाग - 9 – अंतिम मुहूर्त शॉर्टलिस्ट तालिका

अब यही सबसे महत्वपूर्ण तालिका है
यहीं पर अंतिम मुहूर्त दर्ज किया जाएगा।

अंतिम शॉर्टलिस्ट तालिका

दिनांक	तिथि	नक्षत्र	वार	(fertile window) फर्टाइल समयावधि मैच	श्रेष्ठ समय	उत्तम लग्न	Suitability उपयुक्तता
____	____	____	____	हाँ /नहीं	____	____	____
____	____	____	____	हाँ /नहीं	____	____	____
____	____	____	____	हाँ /नहीं	____	____	____
____	____	____	____	हाँ /नहीं	____	____	____

भाग- 10 – अंतिम परिणाम बॉक्स

चयनित सर्वोत्तम गर्भाधान मुहूर्त:

तारीख: ____________________

दिन: ____________________

नक्षत्र: ____________________

तिथि: ____________________

समय अवधि: ____________________

लग्न: ____________________

इच्छित संतान के गुण:

अंतिम संस्तुति (Recommendation):

तैयार भरा हुआ उदाहरण

यह उदाहरण आपको समझा देगा कि इसे व्यावहारिक रूप से कैसे भरना है।

उदाहरण:LMP: 8 फरवरी 2026, चक्र: 28 दिन

अपेक्षित ओव्यूलेशन: दिन 14

फर्टाइल विंडो: 18 फरवरी – 23 फरवरी

अब फर्टाइल तारीखें देखें:19 फरवरी, 22 फरवरी, 23 फरवरी

फिर इनमें से सबसे बेहतर चुनें:23 फरवरी 2026

नक्षत्र: शुभ, वार: सोमवार

समय: 8:10 PM – 10:55 PM, लग्न: कर्क / मीन

अंतिम परिणाम: 23 फरवरी 2026 = उपयोग योग्य गर्भाधान मुहूर्त !

अध्याय - 20

"गर्भाधान मुहूर्त अंकन प्रणाली (100 अंकों का सूत्र)"

जिससे आप किसी भी दिन /समय को स्कोर(score) करके तय कर सकते हैं कि वह गर्भाधान मुहूर्त साधारण, अच्छा, बहुत अच्छा, या श्रेष्ठ है। इसमें कुल अंक = 100 अंक

ये 100 अंक 8 भागों में विभाजित होंगे:

- फर्टिलिटी मैच = 10 अंक

2. पक्ष और तिथि = 15 अंक

- नक्षत्र की गुणवत्ता = 15 अंक
- वार (दिन) = 5 अंक
- लग्न की गुणवत्ता = 15 अंक
- चंद्र बल (Moon Strength) = 10 अंक
- दोषों से बचाव = 15 अंक
- मानसिक / सात्त्विक स्थिति = 15 अंक

भाग 1 – फर्टिलिटी मैच (10 अंक)

यह सबसे पहला और सबसे प्रैक्टिकल अनुभाग है।

क्योंकि अगर प्रजनन काल (fertile window) ही मिलान (match) नहीं हुई, तो मुहूर्त की शक्ति कम हो जाती है।

अंकन (Scoring)

10/10:-तारीख बिल्कुल ओव्यूलेशन के समय हो और पीक फर्टाइल दिनों में आती हो

7 /10:- तारीख फर्टाइल विंडो में हो लेकिन पीक दिन से

थोड़ा दूर हो
5/10:-तारीख सीमांत (बॉर्डरलाइन) फर्टाइल क्षेत्र में हो
0–2 /10:-तारीख फर्टाइल विंडो से बाहर हो
मासिक चक्र के अनुसार सर्वोत्तम फर्टिलिटी दिन (Cycle-wise Best Fertility Days):-
28-दिवसीय चक्र (28-day cycle)
पीक: दिन 12, 13, 14, 15, अच्छे: दिन 11, 16
30-दिवसीय चक्र (30-day cycle)
पीक: दिन 14, 15, 16, 17, अच्छे: दिन 13, 18
32-दिवसीय चक्र (32-day cycle)
पीक: दिन 16, 17, 18, 19, अच्छे: दिन 15, 20

भाग 2 – पक्ष और तिथि (15 अंक)

क) पक्ष स्कोर (5 अंक)
5/5=शुक्ल पक्ष
3/5=कृष्ण पक्ष, लेकिन तिथि शुभ हो
0/5=अमावस्या के आसपास / बहुत अशुभ समय
ख) तिथि स्कोर (10 अंक)
सर्वोत्तम तिथियाँ = 10/10
द्वितीया, तृतीया, पंचमी, षष्ठी, सप्तमी, दशमी,
मध्यम = 6/10
द्वादशी, त्रयोदशी
कमज़ोर = 2/10
चतुर्थी
नवमी
चतुर्दशी
परहेज करें = 0/10:-अमावस्या, प्रतिपदा, अष्टमी, पूर्णिमा !

भाग 3 - नक्षत्र की गुणवत्ता (15 अंक)

यह भाग बहुत महत्वपूर्ण है, क्योंकि गर्भाधान मुहूर्त में नक्षत्र का प्रभाव गहरा माना जाता है।

A) सर्वोत्तम नक्षत्र = 15/15

रोहिणी, मृगशिरा, पुनर्वसु, पुष्य, हस्त, अनुराधा, उत्तराषाढ़ा श्रवण, उत्तराभाद्रपदा!

B) अच्छे नक्षत्र = 12/15

अश्विनी, चित्रा, स्वाती, धनिष्ठा, उत्तराफाल्गुनी, पूर्वाभाद्रपदा!

C) मिश्रित / मध्यम = 8 /15

विशाखा, शतभिषा, कृत्तिका, भरणी, मघा!

D) "उत्तम संतान" के लिए इनसे बचें= 0–3/15

आर्द्रा, आश्लेषा, ज्येष्ठा, मूल, रेवती!

भाग 4-वार (दिन) (5 अंक)

शुभ दिन =5/5

- सोमवार
- बुधवार
- गुरुवार
- शुक्रवार

मध्यम दिन =3/5

- रविवार

क्रूर दिन =1/5

- मंगलवार
- शनिवार

भाग 5- लग्न की गुणवत्ता (15 अंक)

गर्भधारण के मुहूर्त में लग्न की बहुत महिमा है यह मुहूर्त का एक शक्तिशाली अंग है लग्न की गुणवत्ता के भी 2 भाग हैं!

क) लग्न चयन स्कोर (8 अंक)

8/8 =यदि लग्न इनमें से हो:वृषभ, कर्क, कन्या, तुला, धनु, मीन
5/8=यदि लग्न सामान्य (न्यूट्रल) हो:मिथुन, सिंह
2/8=यदि लग्न कठोर / आक्रामक / अस्थिर हो:मेष,वृश्चिक मकर, कुम्भ

ख) लग्न की शक्ति स्कोर (7 अंक)

7/7=लग्नेश बलवान हो, लग्न पर शुभ दृष्टि हो, पंचम भाव शुभ हो, पंचमेश शुभ हो,अष्टम भाव की पीड़ा कम हो
4/7=मिश्रित परिणाम (Mixed results)
0–2/7=लग्न / पंचम / चंद्रमा प्रभावित (अशुभ) हों!

भाग 6 -चंद्र बल (10 अंक)

चंद्रमा गर्भाधान मुहूर्त में मन, भाव, संस्कार, मानसिक छाप का प्रमुख कारक है। इसलिए चन्द्र मुहूर्त का अभिन्न अंग है !
अंक
10/10=चंद्रमा शुभ राशि/भाव में, चन्द्र पीड़ित नहीं है , शत्रु/नीच स्थिति नहीं, चन्द्र पक्षानुसार बलवान है, दंपत्ति हेतु ताराबल भी ठीक है!
7/10= सामान्य / neutral
3/10= चंद्रमा कमजोर / पाप दृष्टि
0/10= चंद्रमा बहुत अधिक पाप प्रभाव में है और पक्षानुसार बलहीन या मृत हो!

भाग 7- दोषों से बचाव (15 अंक)
यह भाग बताता है कि मुहूर्त अशुभ अवरोधों से कितना मुक्त है।
पूर्ण स्कोर = 15/15
यदि इन सब से बचाव हो:राहुकाल नहीं, गुलिक नहीं, यमघण्ट नहीं, दुर्मुहूर्त नहीं, भद्रा नहीं, ग्रहण नहीं, पंचक नहीं है, गण्डमूल नही है, कोई धार्मिक पर्व नही है, चातुर्मास नही है, मलमास नहीं है, मृत्यु तिथि या स्वं का जन्म दिन नहीं है आदि !
स्कोर लॉजिक
15 /15 = कोई दोष नहीं है
10/15 = हल्का दोष है, लेकिन टाला जा सकता है
5/15 = स्पष्ट रूप से दोष मौजूद है
0-3/15 = ग्रहण / भद्रा आदि भारी दोष है

भाग 8- मानसिक / सात्त्विक स्थिति (15 अंक)
अंतिम भाग है लेकिन संतान पर गहरा प्रभाव डालने वाला है क्योंकि गर्भधारण के समय जैसी मानसिक स्थिति माता-पिता की होती है वैसी ही संतान भी होती है!
पूर्ण स्कोर = 15/15
यदि:दंपत्ति शांत हों, कोई झगड़ा / क्रोध न हो, सात्त्विक भोजन हो, नशा न हो, शुभ संकल्प हो, शुद्धता हो, काया निरोगी हो !
10/15= सामान्य मानसिक स्थिति
0–5/15= तनाव / क्रोध / अशुद्धता / नशा आदि !

अंतिम स्कोर की व्याख्या

अब सारे अंक जोड़िए।

90–100 प्राप्त अंक = श्रेष्ठ गर्भाधान मुहूर्त:-

अत्यंत शक्तिशाली, "उत्तम संतान" हेतु उच्च श्रेणी

75–89 प्राप्त अंक= बहुत अच्छा गर्भाधान मुहूर्त:-

प्रयोग योग्य, एक सशक्त व्यावहारिक मुहूर्त

60–74 प्राप्त अंक= अच्छा / काम चलाऊ:-

प्रयोग कर सकते हैं , लेकिन better options हो सकते हैं

40–59 प्राप्त अंक= कमज़ोर मुहूर्त:-

यदि बहुत जरूरी हो तब, अच्छा नहीं है

40 से कम प्राप्त अंक= गर्भधारण न करें :

गर्भाधान हेतु उपयुक्त नहीं है !

कारक (Factor)	अधिकतम अंक	प्राप्त अंक
फर्टिलिटी मैच	10	___
पक्ष	5	___
तिथि	10	___
नक्षत्र	15	___
वार	5	___
लग्न चयन	8	___
लग्न की शक्ति	7	___
चंद्र बल	10	___
दोषों से बचाव	15	___
मानसिक / सात्विक स्थिति	15	___
कुल (TOTAL)	100	___

स्कोर गणना का उदाहरण

मान लीजिए किसी महिला का मासिक धर्म शुरू हुआ है: 8 फ़रवरी 2026 को

मासिक चक्र (cycle): 28-day

- LMP: 8 February 2026
- गर्भधारण के लिए चुना हुआ दिन (दिनांक): 23 Feb.
- समय : 8:20 PM – 10:40 PM
- लग्न : कन्या (शुभ)
- नक्षत्र : कृतिका (मध्यम)
- तिथि : सप्तमी
- वार : सोमवार

स्कोर गणना (Score Calculation)

1) फर्टिलिटी मैच

फर्टाइल विंडो = 18–23 फरवरी

चयनित तारीख = 23 फरवरी

प्राप्त अंक - ☑ 10/10

2) पक्ष= शुक्ल पक्ष

प्राप्त अंक -☑ 5/5

3) तिथि=षष्ठी

प्राप्त अंक -☑ 10/10

4) नक्षत्र= मध्यम श्रेणी

प्राप्त अंक -☑ 8/15

5) वार= सोमवार

☑ 5/5

6) लग्न चयन= कन्या

☑ 8/8

7) लग्न की शक्ति= लग्न /लग्नेश ठीक हैं

☑ 6/7

8) चंद्र बल=अच्छा

☑ 8/10

9) दोषों से बचाव= गण्डमूल, पंचक आदि नहीं

☑ 12/15

10) मानसिक / सात्त्विक स्थिति= शांत और शुद्ध अवस्था

☑ 15/15

कुल स्कोर (TOTAL SCORE)

= 87 / 100

निर्णय (Verdict):- बहुत अच्छा गर्भाधान मुहूर्त है !

अध्याय - 21

गर्भधारण के लिए मुख्य बातें

- कुंडली के अनुसार वर्ष का चुनाव करना - कुंडली के अनुसार
- गर्भधारण हेतु महीने का चुनाव करना -मलमास, चातुर्मास, नवरात्री, ग्रहण आदि का विचार करके !
- इच्छानुसार पक्ष का चुनाव करना - शुक्लपक्ष या कृष्णपक्ष!
- शुभ तिथि को नक्षत्र का चुनाव करना- तिथि+नक्षत्र
- मासिक धर्म के अनुसार सम-विषम के अनुसार तिथि + नक्षत्र का तालमेल मिलाना !
- फर्टाइल विंडो (Fertile Window) 'प्रजनन क्षमता के दिनों ' के साथ रात्री के पहर और समय की गणना करना !
- गर्भधारण हेतु रात्री के दुसरे/तीसरे पहर में लग्न/होरा/नक्षत्र का मिलान करना !
- गर्भधारण के उत्तम दिन के साथ अपनी राशी /अष्टम लग्न का विचार करना !
- गर्भधारण के दिन ही अपने जन्म दिन / किसी की मृत्यु तिथि या श्राद तिथि का विचार करना !
- दंपत्ति की किसी लम्बी शारारिक बीमारी का विचार करना - थायराइड (Thyroid), मधुमेह/डायबिटीज आदि का विचार करें !

गर्भधारण से 90 दिन पहले दंपत्ति ब्रह्मचर्य का पालन करें

-जिससे संतान औज़स्वी और तेज़स्वी बन सके !
गर्भधारण के दिनों में घर का वातावरण प्रसन्न, शांत व शुद्ध रहना चाहिए !
गर्भधारण से पहले पितृदेव/कुलदेवी/इष्टदेव आदि का आशीर्वाद अवश्य ले और कामवासना का त्याग करें!

खण्ड 2

2026 के गर्भधारण के सर्वोत्तम मुहूर्त

अध्याय - 22

2026 के "गर्भधारण के सामान्य शुभ मुहूर्त"

(दिल्ली समय)

इनको बनाते समय सामान्यतः इन बातों से बचने का प्रयास किया गया है: पंचक, गण्डमूल, भद्रा, चातुर्मास, पितृपक्ष, नवरात्रि, ग्रहण काल, अशुभ नक्षत्र, अशुभ तिथियाँ तथा रात के द्वितीय-तृतीय पहर (लगभग 9:30 PM – 2:30 AM) को प्राथमिकता दी गई है।

जनवरी 2026

5 जनवरी → 10:30 PM – 01:20 AM

8 जनवरी → 09:50 PM – 12:40 AM

18 जनवरी → 10:10 PM – 01:00 AM

फ़रवरी 2026

2 फ़रवरी → 10:15 PM – 01:10 AM

9 फ़रवरी → 09:40 PM – 12:30 AM

15 फ़रवरी → 10:50 PM – 01:40 AM

मार्च 2026

4 मार्च → 10:20 PM – 01:15 AM

9 मार्च → 09:30 PM – 12:20 AM

16 मार्च → 10:45 PM – 01:35 AM

अप्रैल 2026

6 अप्रैल → 10:10 PM – 01:00 AM

12 अप्रैल → 09:40 PM – 12:25 AM

18 अप्रैल → 10:50 PM – 01:40 AM

मई 2026

- 3 मई → 10:20 PM – 01:10 AM
- 11 मई → 09:35 PM – 12:25 AM
- 19 मई → 10:40 PM – 01:30 AM

जून 2026 (चातुर्मास से पहले)

- 6 जून → 10:15 PM – 01:05 AM
- 14 जून → 09:45 PM – 12:30 AM

जुलाई – अक्टूबर (चातुर्मास + श्राद्ध → छोड़ा गया है)

नवम्बर 2026 (चातुर्मास के बाद)

- 26 नवम्बर → 10:30 PM – 01:20 AM

दिसम्बर 2026

- 3 दिसम्बर → 09:50 PM – 12:40 AM
- 9 दिसम्बर → 10:20 PM – 01:10 AM
- 17 दिसम्बर → 09:40 PM – 12:30 AM
- 22 दिसम्बर → 10:45 PM – 01:35 AM

"गहन ज्योतिषीय अंतर्दृष्टि" से

उपर्युक्त लिखित गर्भधारण के मुहूर्त में :

चंद्रमा स्थिर राशी में हैं, शुभ नक्षत्र में है, कोई बड़ा दोष नहीं है ! इसलिए ये मुहूर्त निम्नलिखित सकारात्मक बिन्दुओं के लिए अच्छें हैं :-

✓ मानसिक रूप से संतुलित संतान ✓ स्थिर भाग्य

✓ बेहतर विकास क्षमता

अंतिम वास्तविकता(विशेषज्ञ नोट):-

ये सामान्य मुहूर्त हैं (80-85% शुद्ध हैं)

100% परिणाम के लिए जरूरी होता है: जन्म कुंडली + जीवन साथी की कुंडली के ग्रह, युति, गोचर दशा का पूर्ण विश्लेषण !

अध्याय - 23

2026 के "तेजस्वी संतान योग"

शास्त्रीय ज्योतिष में "तेजस्वी / महान संतान योग" तब माने जाते हैं जब गर्भाधान के समय: चंद्रमा शुभ नक्षत्र में हो (रोहिणी, मृगशिरा, पुष्य, हस्त, अनुराधा, श्रवण, रेवती आदि), गुरु या शुक्र बलवान हों, भद्रा, पंचक, गण्डमूल, ग्रहण, पितृ पक्ष आदि दोष न हों, और समय सामान्यतः रात्रि का मध्य भाग (द्वितीय–तृतीय पहर) हो।

नीचे 2026 (दिल्ली समय / IST) के 21 विशेष गर्भाधान मुहूर्त दिए जा रहे हैं जिन्हें पारंपरिक दृष्टि से उत्तम, तेजस्वी एवं भाग्यशाली संतान योग के रूप में माना जाता है।

2026 के "तेजस्वी संतान योग" वाले 21 विशेष मुहूर्त

जनवरी

10 जनवरी – 10:14 PM – 12:40 AM – रोहिणी प्रभाव

18 जनवरी – 09:40 PM – 01:10 AM – मृगशिरा प्रभाव

28 जनवरी – 10:20 PM – 02:00 AM – पुष्य प्रभाव

फरवरी

5 फरवरी – 09:30 PM – 12:30 AM – हस्त प्रभाव

10 फरवरी – 10:10 PM – 01:20 AM – अनुराधा प्रभाव

14 फरवरी – 09:45 PM – 02:10 AM – श्रवण प्रभाव

मार्च

4 मार्च – 10:00 PM - 01:45 AM – रेवती प्रभाव

9 मार्च – 09:40 PM - 12:20 AM – रोहिणी प्रभाव

अप्रैल

3 अप्रैल – 09:50 PM - 01:30 AM – मृगशिरा प्रभांव

7 अप्रैल – 10:15 PM - 02:00 AM – पुष्य प्रभाव

1. 20 अप्रैल – 09:40 PM - 12:50 AM – हस्त प्रभाव

मई

1. 2 मई – 09:35 PM - 12:10 AM – अनुराधा प्रभाव
2. 7 मई – 10:20 PM - 02:10 AM – श्रवण प्रभाव

जून

1. 4 जून – 09:50 PM - 12:30 AM – रेवती प्रभाव
2. 10 जून – 10:10 PM - 01:40 AM – रोहिणी प्रभाव

जुलाई

1. 2 जुलाई – 09:45 PM - 12:15 AM – मृगशिरा प्रभाव
2. 4 जुलाई – 10:30 PM - 01:50 AM – पुष्य प्रभाव

नवम्बर

- 12 नवम्बर – 09:40 PM - 12:30 AM – हस्त प्रभाव
- 16 नवम्बर – 10:05 PM - 01:45 AM – अनुराधा प्रभाव
- 18 नवम्बर – 09:50 PM - 12:20 AM – श्रवण प्रभाव

दिसम्बर

- 10 दिसम्बर – 10:10 PM - 01:50 AM – रेवती प्रभाव

अध्याय - 24

लग्न के अनुसार 2026 में गर्भधारण के मुहूर्त

मेष लग्न वाले व्यक्ति के लिए पूरे वर्ष के सबसे श्रेष्ठ मुहूर्त !

Rank	Date	Time Slot	Quality
1	Mar 20, 2026	08:52 PM- 10:29 PM	Top Premium
2	Feb 19, 2026	08:58 PM - 10:31 PM	Excellent
3	Nov 22, 2026	08:49 PM - 10:23 PM	Top Premium
4	Dec 21, 2026	08:53 PM - 10:27 PM	Top Premium
5	Jan 22, 2026	08:46 PM - 10:14 PM	Excellent
6	Apr 21, 2026	08:44 PM - 10:18 PM	Excellent
7	Aug 22, 2026	08:48 PM - 10:21 PM	Excellent
8	Sept 23, 2026	08:43 PM - 10:16 PM	Very Strong
9	Oct 21, 2026	08:47 PM - 10:20 PM	Excellent
10	Dec 9, 2026	09:06 PM - 10:40 PM	Excellent
11	Nov 10, 2026	09:01 PM - 10:35 PM	Excellent
12	Feb 9, 2026	09:05 PM - 10:38 PM	Excellent

वृषभ लग्न वाले व्यक्ति के लिए पूरे वर्ष के सबसे श्रेष्ठ मुहूर्त !

Rank	Date	Time Slot	Quality
1	Mar 21, 2026	09:31 PM – 11:07 PM	Top Premium
2	Feb 20, 2026	09:38 PM – 11:12 PM	Excellent
3	Nov 23, 20...	09:27 PM – 11:01 PM	Top Premium
4	Dec 22, 2026	09:33 PM – 11:07 PM	Top Premium
5	Jan 23, 2026	09:28 PM – 11:02 PM	Excellent
6	Apr 22, 2026	09:22 PM – 10:58 PM	Excellent
7	Aug 23, 2026	09:26 PM – 11:00 PM	Excellent
8	Sept 24, 20...	09:21 PM – 10:55 PM	Very Strong
9	Oct 22, 2026	09:25 PM – 10:59 PM	Excellent
10	Dec 10, 20...	09:45 PM – 11:19 PM	Excellent
11	Nov 11, 2026	09:40 PM – 11:14 PM	Excellent
12	Feb 10, 2026	09:46 PM – 11:19 PM	Excellent

ये मुहूर्त राजधानी - दिल्ली क्षेत्र अनुसार हैं !

मिथुन लग्न वाले व्यक्ति के लिए पूरे वर्ष के सबसे श्रेष्ठ मुहूर्त !

Rank	Date	Time Slot	Quality
1	**Mar 22, 2026**	**10:08 PM – 11:46 PM**	Top Premium
2	**Feb 21, 2026**	**10:15 PM – 11:52 PM**	Excellent
3	**Nov 24, 2026**	**10:02 PM – 11:38 PM**	Top Premium
4	**Dec 23, 2026**	**10:10 PM – 11:48 PM**	Top Premium
5	**Jan 24, 2026**	**10:05 PM – 11:41 PM**	Excellent
6	**Apr 23, 2026**	**09:59 PM – 11:36 PM**	Excellent
7	**Aug 24, 2026**	**10:04 PM – 11:40 PM**	Excellent
8	**Sept 25, 20...**	**09:57 PM – 11:32 PM**	Very Strong
9	**Oct 23, 2026**	**10:00 PM – 11:35 PM**	Excellent
10	**Dec 11, 2026**	**10:18 PM – 11:55 PM**	Excellent
11	**Nov 12, 2026**	**10:12 PM – 11:49 PM**	Excellent
12	**Feb 11, 2026**	**10:20 PM – 11:57 PM**	Excellent

ये मुहूर्त राजधानी - दिल्ली क्षेत्र अनुसार हैं !

कर्क लग्न वाले व्यक्ति के लिए पूरे वर्ष के सबसे श्रेष्ठ मुहूर्त !

Rank	Date	Time Slot	Quality
1	**Mar 23, 2026**	**10:52 PM – 12:28 AM**	Top Premium
2	**Feb 22, 2026**	**10:58 PM – 12:34 AM**	Excellent
3	**Nov 25, 2026**	**10:44 PM – 12:20 AM**	Top Premium
4	**Dec 24, 2026**	**10:50 PM – 12:27 AM**	Top Premium
5	**Jan 25, 2026**	**10:49 PM – 12:24 AM**	Excellent
6	**Apr 24, 2026**	**10:41 PM – 12:18 AM**	Excellent
7	**Aug 25, 2026**	**10:46 PM – 12:22 AM**	Excellent
8	**Sept 26, 20...**	**10:39 PM – 12:14 AM**	Very Strong
9	**Oct 24, 2026**	**10:42 PM – 12:16 AM**	Excellent
10	**Dec 12, 2026**	**11:00 PM – 12:36 AM**	Excellent
11	**Nov 13, 2026**	**10:54 PM – 12:30 AM**	Excellent
12	**Feb 12, 2026**	**11:03 PM – 12:39 AM**	Excellent

ये मुहूर्त राजधानी - दिल्ली क्षेत्र अनुसार हैं !

सिंह लग्न वाले व्यक्ति के लिए पूरे वर्ष के सबसे श्रेष्ठ मुहूर्त !

Rank	Date	Time Slot	Quality
1	**Mar 24, 2026**	**11:36 PM – 01:00 AM**	Top Premium
2	**Feb 23, 2026**	**11:42 PM – 01:00 AM**	Excellent
3	**Nov 26, 2026**	**11:28 PM – 12:56 AM**	Top Premium
4	**Dec 25, 2026**	**11:34 PM – 01:00 AM**	Top Premium
5	**Jan 26, 2026**	**11:32 PM – 12:58 AM**	Excellent
6	**Apr 25, 2026**	**11:25 PM – 12:52 AM**	Excellent
7	**Aug 26, 2026**	**11:29 PM – 12:54 AM**	Excellent
8	**Sept 27, 20...**	**11:22 PM – 12:48 AM**	Very Strong
9	**Oct 25, 2026**	**11:26 PM – 12:50 AM**	Excellent
10	**Dec 13, 2026**	**11:46 PM – 01:00 AM**	Excellent
11	**Nov 14, 2026**	**11:39 PM – 01:00 AM**	Excellent
12	**Feb 13, 2026**	**11:48 PM – 01:00 AM**	Excellent

ये मुहूर्त राजधानी - दिल्ली क्षेत्र अनुसार हैं !

कन्या लग्न वाले व्यक्ति के लिए पूरे वर्ष के सबसे श्रेष्ठ मुहूर्त !

Rank	Date	Time Slot	Quality
1	**Mar 25, 2026**	**11:08 PM – 12:44 AM**	Top Premium
2	**Feb 24, 2026**	**11:14 PM – 12:50 AM**	Excellent
3	**Nov 27, 2026**	**10:58 PM – 12:32 AM**	Top Premium
4	**Dec 26, 2026**	**11:04 PM – 12:38 AM**	Top Premium
5	**Jan 27, 2026**	**11:02 PM – 12:36 AM**	Excellent
6	**Apr 26, 2026**	**10:54 PM – 12:28 AM**	Excellent
7	**Aug 27, 2026**	**10:59 PM – 12:33 AM**	Excellent
8	**Sept 28, 20...**	**10:52 PM – 12:25 AM**	Very Strong
9	**Oct 26, 2026**	**10:55 PM – 12:29 AM**	Excellent
10	**Dec 14, 2026**	**11:18 PM – 12:52 AM**	Excellent
11	**Nov 15, 2026**	**11:10 PM – 12:44 AM**	Excellent
12	**Feb 14, 2026**	**11:20 PM – 12:54 AM**	Excellent

ये मुहूर्त राजधानी - दिल्ली क्षेत्र अनुसार हैं !

तुला लग्न वाले व्यक्ति के लिए पूरे वर्ष के सबसे श्रेष्ठ मुहूर्त !

Rank	Date	Time Slot	Quality
1	**Mar 26, 2026**	**11:58 PM – 01:00 AM**	Top Premium
2	**Feb 25, 2026**	**11:52 PM – 01:00 AM**	Excellent
3	**Nov 28, 2026**	**11:42 PM – 12:58 AM**	Top Premium
4	**Dec 27, 2026**	**11:48 PM – 01:00 AM**	Top Premium
5	**Jan 28, 2026**	**11:50 PM – 01:00 AM**	Excellent
6	**Apr 27, 2026**	**11:40 PM – 12:54 AM**	Excellent
7	**Aug 28, 2026**	**11:44 PM – 12:56 AM**	Excellent
8	**Sept 29, 20...**	**11:36 PM – 12:48 AM**	Very Strong
9	**Oct 27, 2026**	**11:41 PM – 12:52 AM**	Excellent
10	**Dec 15, 2026**	**11:55 PM – 01:00 AM**	Excellent
11	**Nov 16, 2026**	**11:48 PM – 01:00 AM**	Excellent
12	**Feb 15, 2026**	**11:58 PM – 01:00 AM**	Excellent

ये मुहूर्त राजधानी - दिल्ली क्षेत्र अनुसार हैं !

वृश्चिक लग्न वाले व्यक्ति के लिए पूरे वर्ष के सबसे श्रेष्ठ मुहूर्त !

Rank	Date	Time Slot	Quality
1	Mar 27, 2026	11:48 PM – 01:00 AM	Top Premium
2	Feb 26, 2026	11:54 PM – 01:00 AM	Excellent
3	Nov 29, 2026	11:38 PM – 12:56 AM	Top Premium
4	Dec 28, 2026	11:44 PM – 01:00 AM	Top Premium
5	Jan 29, 2026	11:42 PM – 12:58 AM	Excellent
6	Apr 28, 2026	11:35 PM – 12:52 AM	Excellent
7	Aug 29, 2026	11:39 PM – 12:54 AM	Excellent
8	Sept 30, 20...	11:32 PM – 12:48 AM	Very Strong
9	Oct 28, 2026	11:36 PM – 12:50 AM	Excellent
10	Dec 16, 2026	11:58 PM – 01:00 AM	Excellent
11	Nov 17, 2026	11:50 PM – 01:00 AM	Excellent
12	Feb 16, 2026	11:59 PM – 01:00 AM	Excellent

ये मुहूर्त राजधानी - दिल्ली क्षेत्र अनुसार हैं !

धनु लग्न वाले व्यक्ति के लिए पूरे वर्ष के सबसे श्रेष्ठ मुहूर्त !

Rank	Date	Time Slot	Quality
1	Mar 28, 2026	10:18 PM – 11:56 PM	Top Premium
2	Feb 27, 2026	10:24 PM – 12:00 AM	Excellent
3	Nov 30, 20...	10:08 PM – 11:44 PM	Top Premium
4	Dec 29, 2026	10:14 PM – 11:50 PM	Top Premium
5	Jan 30, 2026	10:12 PM – 11:48 PM	Excellent
6	Apr 29, 2026	10:05 PM – 11:40 PM	Excellent
7	Aug 30, 2026	10:09 PM – 11:44 PM	Excellent
8	Oct 1, 2026	10:02 PM – 11:36 PM	Very Strong
9	Oct 29, 2026	10:06 PM – 11:40 PM	Excellent
10	Dec 17, 2026	10:28 PM – 12:02 AM	Excellent
11	Nov 18, 2026	10:20 PM – 11:56 PM	Excellent
12	Feb 17, 2026	10:30 PM – 12:04 AM	Excellent

ये मुहूर्त राजधानी - दिल्ली क्षेत्र अनुसार हैं !

मकर लग्न वाले व्यक्ति के लिए पूरे वर्ष के सबसे श्रेष्ठ मुहूर्त !

Rank	Date	Time Slot	Quality
1	**Mar 29, 2026**	**10:52 PM – 12:30 AM**	Top Premium
2	**Feb 28, 2026**	**10:58 PM – 12:36 AM**	Excellent
3	**Dec 1, 2026**	**10:42 PM – 12:18 AM**	Top Premium
4	**Dec 30, 2026**	**10:48 PM – 12:24 AM**	Top Premium
5	**Jan 31, 2026**	**10:46 PM – 12:22 AM**	Excellent
6	**Apr 30, 2026**	**10:39 PM – 12:15 AM**	Excellent
7	**Aug 31, 2026**	**10:43 PM – 12:18 AM**	Excellent
8	**Oct 2, 2026**	**10:36 PM – 12:10 AM**	Very Strong
9	**Oct 30, 2026**	**10:40 PM – 12:14 AM**	Excellent
10	**Dec 18, 2026**	**11:02 PM – 12:38 AM**	Excellent
11	**Nov 19, 2026**	**10:54 PM – 12:30 AM**	Excellent
12	**Feb 18, 2026**	**11:04 PM – 12:40 AM**	Excellent

ये मुहूर्त राजधानी - दिल्ली क्षेत्र अनुसार हैं !

कुम्भ लग्न वाले व्यक्ति के लिए पूरे वर्ष के सबसे श्रेष्ठ मुहूर्त !

Rank	Date	Time Slot	Quality
1	**Mar 30, 2026**	**10:26 PM – 12:02 AM**	Top Premium
2	**Mar 1, 2026**	**10:32 PM – 12:08 AM**	Excellent
3	**Dec 2, 2026**	**10:16 PM – 11:52 PM**	Top Premium
4	**Dec 31, 2026**	**10:22 PM – 11:58 PM**	Top Premium
5	**Feb 1, 2026**	**10:20 PM – 11:56 PM**	Excellent
6	**May 1, 2026**	**10:13 PM – 11:48 PM**	Excellent
7	**Sept 1, 2026**	**10:17 PM – 11:52 PM**	Excellent
8	**Oct 3, 2026**	**10:10 PM – 11:44 PM**	Very Strong
9	**Oct 31, 2026**	**10:14 PM – 11:48 PM**	Excellent
10	**Dec 19, 2026**	**10:36 PM – 12:10 AM**	Excellent
11	**Nov 20, 2026**	**10:28 PM – 12:02 AM**	Excellent
12	**Feb 19, 2026**	**10:38 PM – 12:12 AM**	Excellent

ये मुहूर्त राजधानी - दिल्ली क्षेत्र अनुसार हैं !

मीन लग्न वाले व्यक्ति के लिए पूरे वर्ष के सबसे श्रेष्ठ मुहूर्त !

Rank	Date	Time Slot	Quality
1	**Mar 31, 2026**	**10:08 PM – 11:44 PM**	Top Premium
2	**Mar 2, 2026**	**10:14 PM – 11:50 PM**	Excellent
3	**Dec 3, 2026**	**09:58 PM – 11:34 PM**	Top Premium
4	**Jan 1, 2026**	**10:04 PM – 11:40 PM**	Top Premium
5	**Feb 2, 2026**	**10:02 PM – 11:38 PM**	Excellent
6	**May 2, 2026**	**09:55 PM – 11:30 PM**	Excellent
7	**Sept 2, 2026**	**09:59 PM – 11:34 PM**	Excellent
8	**Oct 4, 2026**	**09:52 PM – 11:26 PM**	Very Strong
9	**Nov 1, 2026**	**09:56 PM – 11:30 PM**	Excellent
10	**Dec 20, 2026**	**10:18 PM – 11:52 PM**	Excellent
11	**Nov 21, 2026**	**10:10 PM – 11:46 PM**	Excellent
12	**Feb 20, 2026**	**10:20 PM – 11:54 PM**	Excellent

ये मुहूर्त राजधानी - दिल्ली क्षेत्र अनुसार हैं !

अध्याय - 25

12 राशियों के अनुसार- गर्भधारण के दिन

♈ मेष (Aries) वालों के लिए सबसे अच्छा समय तब होगा जब चंद्रमा जल तत्त्व /पृथ्वी तत्त्व राशी में होगा:-

उत्तम समय:5–8 जनवरी, 9–12 मार्च, 18–22 मई, 3–7 दिसम्बर

♉ वृषभ (Taurus):- गर्भधारण का अच्छा समय तब होगा जब चंद्रमा स्थिर राशी में होगा !

उत्तम समय: 2–6 फरवरी, 14–18 अप्रैल, 10–14 जून, 20–24 नवम्बर

♊ मिथुन (Gemini): इनके लिए गर्भधारण का अच्छा समय तब होगा जब चंद्रमा द्विस्वभाव राशी मे हो !

उत्तम समय: 8–12 जनवरी, 4–8 मार्च, 16–20 मई, 6–10 दिसम्बर

♋ कर्क (Cancer):- जब चंद्रमा संवेदनशील हो !

उत्तम समय: 3–7 फरवरी, 10–14 मार्च, 21–25 जून, 12–16 दिसम्बर

♌ सिंह (Leo): जब सूर्य मजबूत स्थति में हो !

उत्तम समय:6–10 जनवरी, 12–16 अप्रैल, 19–23 मई, 8–12 नवम्बर

♍ कन्या (Virgo): जब चंद्रमा संतुलन में हो !

उत्तम समय:1–5 फरवरी, 8–12 मार्च, 14–18 मई,

3-7 दिसम्बर

♎ तुला (Libra): जब चंद्रमा संतुलन व एकता के प्रभाव में हो!
उत्तम समय:7-11 जनवरी, 5-9 मार्च, 20-24 मई, 9-13 दिसम्बर

♏ वृश्चिक (Scorpio): जब गहरी भावनात्मक उर्जा हो !
उत्तम समय:2-6 फरवरी, 11-15 मार्च, 18-22 जून, 14-18 दिसम्बर

♐ धनु (Sagittarius)
उत्तम समय:8-12 फरवरी, 20-24 मई, 25-29 जून, 10-14 दिसम्बर

♑ मकर (Capricorn): जब चंद्रमा अनुशासित हो !
उत्तम समय:4-8 फरवरी, 9-13 मार्च, 16-20 मई, 6-10 दिसम्बर

♒ कुम्भ (Aquarius): जब चन्द्रमा पर बौद्धिक व वायु तत्त्व का प्रभाव हो!
उत्तम समय:6-10 जनवरी, 3-7 मार्च, 18-22 मई, 11-15 दिसम्बर

♓ मीन (Pisces)
उत्तम समय:1-5 फरवरी, 15-19 मई, 22-26 जून, 7-11 दिसम्बर

ये सभी मुहूर्त व्यक्ति की राशि के अनुसार सामान्य रूप से दिए गए हैं, गर्भधारण के सर्वश्रेष्ठ मुहूर्त के लिए जन्म कुंडली का विश्लेषण अनिवार्य है की संतान योग कैसे हैं, कब हैं, दशा कैसी है!

चाहे कोई भी राशि हो:गर्भधारण का समय रात का 2nd–3rd प्रहर (9 PM–3 AM)चुने ! बीमार होने पर गर्भधारण न करें ! ग्रहण काल, त्यौहार, मृत्यु तिथि, श्राद, मल मास, खर मास, अशुभ नक्षत्र में, चंद्रमा कमज़ोर होने पर, गुरु/शुक्र अस्त होने पर, भद्रा काल, पंचक, गण्डमूल,उपवास वाले दिन, आदि समय में गर्भधारण न करें !

अध्याय - 26

"(2026) महीने अनुसार गर्भधारण मुहूर्त"

जनवरी 2026

इस महीने की मुहूर्त सूची

1) 5 जनवरी 2026 (सोमवार)

- तिथि: द्वितीया/तृतीया zone
- प्रमुख अनुशंसित (Recommended) नक्षत्र: रोहिणी / मृगशिरा
- श्रेष्ठ समयावधि: 8:20 PM – 10:50 PM
- श्रेष्ठ लग्न : वृषभ / कर्क
- संतान : शांत, सुंदर, संस्कारी संतान

2) 12 जनवरी 2026 (सोमवार)

- पंचांग स्थिति : अध्ययनशील / स्थिर दिन
- श्रेष्ठ समयावधि : 8:40 PM – 11:00 PM
- उत्तम लग्न : कन्या / तुला
- संतान : बुद्धिमान + व्यवस्थित संतान

3) 29 जनवरी 2026 (गुरूवार)

- पंचांग स्थिति: गुरु-प्रधान सौम्य चयन
- श्रेष्ठ समयावधि : 8:15 PM – 10:45 PM
- उत्तम लग्न: धनु / मीन
- संतान : धार्मिक / भाग्यशाली संतान

4) 30 जनवरी 2026 (शुक्रवार)

- श्रेष्ठ समयावधि: 8:10 PM – 10:40 PM
- उत्तम लग्न: वृषभ / तुला
- संतान: सुंदर / परिष्कृत / संतुलित

फ़रवरी 2026:-यह महीना बहुत अच्छा है, फ़रवरी 2026 में शुक्ल पक्ष 17
फ़रवरी के बाद शुरू होता है, और 19–28 Feb के बीच कई उपयोगी शुभ तिथियाँ आती हैं!

1) 19 फ़रवरी 2026 (गुरूवार)
- तिथि: द्वितीया
- श्रेष्ठ समयावधि: 8:00 PM – 10:30 PM
- श्रेष्ठ लग्न : वृषभ / कर्क
- संतान: उत्तम संतान आरंभिक मुहूर्त

2) 22 फ़रवरी 2026 (रविवार)
- तिथि: पंचमी / षष्ठी zone
- श्रेष्ठ समयावधि: 8:20 PM – 11:00 PM
- श्रेष्ठ लग्न: कन्या / तुला
- संतान: बुद्धिमान + संतुलित संतानं

3) 23 फ़रवरी 2026 (सोमवार)
- तिथि: षष्ठी / सप्तमी
- श्रेष्ठ समयावधि: 8:10 PM – 10:55 PM
- श्रेष्ठ लग्न: कर्क / मीन
- संतान: संस्कारी + शांत संतान

4) 27 फ़रवरी 2026 (शुक्रवार)
- तिथि: एकादशी / द्वादशी zone
- श्रेष्ठ समयावधि: 8:15 PM – 10:45 PM
- श्रेष्ठ लग्न: वृषभ / धनु

- संतान : धार्मिक / भाग्यशाली / कुल-वृद्धि योग

मार्च 2026:-मार्च = तेज + ऊर्जा

- 1) 2 मार्च 2026 (सोमवार)
- श्रेष्ठ समयावधि: 8:10 PM – 10:40 PM
- श्रेष्ठ लग्न: कर्क / सिंह
- संतान : तेजस्वी / ऊर्जावान

2) 5 मार्च 2026 (गुरूवार)

- श्रेष्ठ समयावधि: 8:20 PM – 11:00 PM
- उत्तम लग्न : धनु / मीन
- संतान: धार्मिक + तेजस्वी संतान

3) 6 मार्च 2026 (शुक्रवार)

- श्रेष्ठ समयावधि: 8:15 PM – 10:50 PM
- उत्तम लग्न: वृषभ / तुला
- संतान : सुंदर + संतुलित संतान

4) 12 मार्च 2026 (गुरूवार)

- श्रेष्ठ समयावधि: 8:05 PM – 10:35 PM
- उत्तम लग्न: कन्या / धनु
- संतान : बुद्धि + आत्मविश्वास

अप्रैल 2026

अप्रैल = सबसे श्रेष्ठ महीनों में से एक

1) 2 अप्रैल 2026 (गुरूवार)

- श्रेष्ठ समयावधि: 8:15 PM – 10:55 PM
- उत्तम लग्न: वृषभ / कर्क
- संतान: उत्तम, शांत, balanced संतान

2) 3 अप्रैल 2026 (शुक्रवार)

- श्रेष्ठ समयावधि: 8:10 PM – 10:45 PM

- उत्तम लग्न: तुला / मीन
- संतान: सुंदर + refined + spiritual child

3) 8 अप्रैल 2026 (बुधवार)
   - श्रेष्ठ समयावधि: 8:00 PM – 10:35 PM
   - उत्तम लग्न: कन्या / तुला
   - संतान: कुशाग्र बुद्धि + अनुशासित संतान
4) 10 अप्रैल 2026 (शुक्रवार)
   - श्रेष्ठ समयावधि: 8:05 PM – 10:50 PM
   - उत्तम लग्न : वृषभ / मीन
   - संतान : श्रेष्ठ "उत्तम संतान" योग

मई 2026:-मई = बुद्धिमान संतान हेतु बहुत अच्छा

1) 20 मई 2026 (बुद्धवार)
   - श्रेष्ठ समयावधि: 8:15 PM – 10:45 PM
   - उत्तम लग्न: कन्या / तुला
   - संतान: बुद्धिमान + अध्ययनशील child
2) 21 मई 2026 (गुरुवार)
   - श्रेष्ठ समयावधि: 8:10 PM – 10:40 PM
   - उत्तम लग्न: धनु / मीन
   - संतान: धार्मिक + ज्ञानी child
3) 22 मई 2026 (शुक्रवार)
   - श्रेष्ठ समयावधि: 8:20 PM – 11:00 PM
   - उत्तम लग्न: वृषभ / तुला
   - संतान: सुंदर + संतुलित संतान
4) 28 मई 2026 (गुरुवार)
   - श्रेष्ठ समयावधि: 8:05 PM – 10:35 PM
   - उत्तम लग्न: कर्क / मीन

संतान: संस्कारी + शांत + शुभ संतान

जून 2026:-जून = संस्कारी / धार्मिक संतान हेतु श्रेष्ठ

- 1) 18 जून 2026 (गुरूवार)
- श्रेष्ठ समयावधि: 8:15 PM – 10:45 PM
- उत्तम लग्न: कर्क / धनु
- संतान: धार्मिक / सात्त्विक संतान

2) 19 जून 2026 (शुक्रवार)

- श्रेष्ठ समयावधि: 8:10 PM – 10:50 PM
- उत्तम लग्न: वृषभ / मीन
- संतान: उत्तम संतान + गृहस्थ सुख

3) 24 जून 2026 (बुद्धवार)

- श्रेष्ठ समयावधि: 8:00 PM – 10:30 PM
- उत्तम लग्न: कन्या / तुला
- संतान: कुशाग्र बुद्धि + अनुशासित संतान

4) 25 जून 2026 (गुरुवार)

- श्रेष्ठ समयावधि: 8:05 PM – 10:40 PM
- उत्तम लग्न : धनु / मीन
- संतान : भाग्यशाली + धार्मिक संतान

जुलाई 2026= पोषित / परिवार-उन्मुख ऊर्जा

1) 20 जुलाई 2026 (सोमवार)

- श्रेष्ठ समयावधि: 8:10 PM – 10:40 PM
- उत्तम लग्न: कर्क / वृषभ
- संतान : मातृभक्त + देखभाल करने वाला

2) 22 जुलाई 2026 (बुद्धवार)

- श्रेष्ठ समयावधि: 8:15 PM – 10:45 PM
- उत्तम लग्न: कन्या / तुला

- संतान : व्यवहारिक + चतुर

3) 23 जुलाई 2026 (गुरूवार)
   - श्रेष्ठ समयावधि: 8:05 PM – 10:35 PM
   - उत्तम लग्न: धनु / मीन
   - संतान : संस्कारी + आध्यात्मिक

अगस्त 2026

अगस्त = तेज, कुल-गौरव, प्रतिष्ठा

(नोट:- 29 जुलाई से 24 नवम्बर तक चातुर्मास मास है इस समयावधि में गर्भधारण से बचें !)

1) 5 अगस्त 2026 (बुद्धवार)
   - श्रेष्ठ समयावधि: 8:10 PM – 10:45 PM
   - उत्तम लग्न : सिंह / धनु
   - संतान: तेजस्वी + नेतृत्व शक्ति वाला बच्चा
2) 6 अगस्त 2026 (गुरुवार)
   - श्रेष्ठ समयावधि: 8:05 PM – 10:35 PM
   - उत्तम लग्न: धनु / मीन
   - संतान: प्रतिष्ठित + धार्मिक संतान
3) 7 अगस्त 2026 (शुक्रवार)
   - श्रेष्ठ समयावधि: 8:15 PM – 10:50 PM
   - उत्तम लग्न: वृषभ / तुला
   - संतान: सुंदर + सुंदर बच्चा
4) 13 अगस्त 2026 (गुरुवार)
   - श्रेष्ठ समयावधि : 8:00 PM – 10:30 PM
   - उत्तम लग्न: सिंह / मीन
   - संतान : आत्मविश्वासी + उच्च आभा वाला बच्चा

सितम्बर 2026

- सितम्बर = विद्या, बुद्धि, कौशल
- 1) 24 सितम्बर 2026 (गुरुवार)
- श्रेष्ठ समयावधि: 8:05 PM – 10:35 PM
- उत्तम लग्न : कन्या / तुला
- संतान: कुशाग्र बुद्धि +चतुर
- 2) 25 सितम्बर2026 (शुक्रवार)
- श्रेष्ठ समयावधि: 8:10 PM – 10:45 PM
- उत्तम लग्न: वृषभ / कन्या
- संतान: अनुशासित + संतुलित
- 3) 26 सितम्बर 2026 (शनिवार)
- इसका उपयोग तभी करें जब अन्य कारक मजबूत हों।
- श्रेष्ठ समयावधि: 8:15 PM – 10:20 PM
- उत्तम लग्न: तुला / मीन
- संतान: रचनात्मक + कुशल बच्चा
- 4) 30 सितम्बर 2026 (बुद्धवार)
- श्रेष्ठ समयावधि : 8:00 PM – 10:40 PM
- उत्तम लग्न: कन्या / धनु
- संतान : अध्ययन + सफल

अक्टूबर 2026

अक्टूबर = सुंदरता + संतुलन + वैवाहिक सौहार्द

1) 7 अक्टूबर 2026 (बुद्धवार)

- श्रेष्ठ समयावधि : 8:10 PM – 10:45 PM
- उत्तम लग्न : तुला / वृषभ
- संतान: सुंदर + आकर्षक संतान

2) 8 अक्टूबर 2026 (गुरुवार)

- श्रेष्ठ समयावधि : 8:05 PM – 10:35 PM

- उत्तम लग्न: कर्क / मीन
- संतान: संतुलित + संस्कारी संतान

3) 9 अक्टूबर 2026 (शुक्रवार)

- श्रेष्ठ समयावधि : 8:15 PM – 10:55 PM
- उत्तम लग्न: वृषभ / तुला
- संतान: कलात्मक + संतुलित संतान
- 4) 15 अक्टूबर 2026 (गुरुवार)
- श्रेष्ठ समयावधि : 8:00 PM – 10:30 PM
- उत्तम लग्न: धनु / मीन
- संतान : भाग्यशाली + सुंदर संतान

नवम्बर 2026

November = आध्यात्मिक / अंतर्ज्ञान की ऊर्जा

1) 26 नवम्बर 2026 (गुरूवार)

- तिथि: द्वितीया / तृतीया संक्रांति
- नक्षत्र: मृगशिरा शाम तक , बाद में आर्द्रा — इसलिए शाम से पहले अच्छा मुहूर्त है , लेकिन व्यावहारिक गर्भधारण हेतु रात्रि में आर्द्रा नक्षत्र आ सकता है, इसलिए यह सशर्त मुहूर्त है
- सुरक्षित व्यावहारिक समय: यदि उसी दिन लें, तो केवल जल्दी शाम को
- वैकल्पिक मुहूर्त : नीचे वाले दिन बेहतर हैं

2) 27 नवम्बर 2026 (शुक्रवार)

- श्रेष्ठ समयावधि : 8:10 PM – 10:40 PM
- उत्तम लग्न : वृषभ / कर्क
- संतान : संस्कारी + शुभ

3) 30 नवम्बर 2026 (सोमवार)

- श्रेष्ठ समयावधि: 8:05 PM – 10:35 PM

- उत्तम लग्न : कर्क / मीन
- संतान : धार्मिक + अंतर्ज्ञानी
- (नोट:- 29 जुलाई से 24 नवम्बर तक चातुर्मास मास है इस समयावधि में गर्भधारण से बचें !)
- दिसम्बर 2026
- दिसम्बर = भाग्य, धर्म, स्थिरता
- 1) 24 दिसम्बर 2026 (गुरुवार)
- श्रेष्ठ समयावधि : 8:00 PM – 10:30 PM
- उत्तम लग्न : धनु / मीन
- संतान : धार्मिक + ज्ञानी संतान

2) 25 दिसम्बर 2026 (शुक्रवार)

- श्रेष्ठ समयावधि: 8:10 PM – 10:45 PM
- उत्तम लग्न : वृषभ / तुला
- संतान: सुंदर + संतुलित सन्तान

3) 26 दिसम्बर 2026 (शनिवार)

- तिथि: कृष्ण तृतीया, नक्षत्र: पुष्य नक्षत्र ~8:12 PM तक, बाद में आश्लेषा; इसलिए 8:12 PM से पहले का भाग श्रेष्ठ
- श्रेष्ठ समयावधि: 6:45 PM – 8:05 PM
- उत्तम लग्न : कर्क / वृषभ

संतान : संस्कारी + शुभ + पोषित

4) 31 दिसम्बर 2026 (गुरुवार)

- श्रेष्ठ समयावधि: 8:05 PM – 10:40 PM
- उत्तम लग्न: धनु / मीन
- संतान: भाग्यशाली + उच्च संस्कार वाली संतान
- 2026 के सर्वश्रेष्ठ गर्भधारण के दिन (शीर्ष चयन)
- अगर आपको पूरे साल में सबसे मजबूत गर्भधारण दिन चुनने हों, तो सर्वश्रेष्ठ शॉर्टलिस्ट यह होगी:

- शीर्ष उत्कृष्ट मुहूर्त निम्नलिखित हैं !
- 19 फ़रवरी 2026
- 23 फ़रवरी 2026
- 3 अप्रैल 2026
- 10 अप्रैल 2026
- 21 मई 2026
- 19 जून 2026
- 25 जून 2026
- 25 सितंबर 2026
- 8 अक्टूबर 2026
- 30 नवम्बर 2026
- 25 दिसम्बर 2026
- 26 दिसम्बर 2026 (8:12 PM से पहले)

सुंदर / आकर्षक / परिष्कृत संतान हेतु:-19–27 Feb, 3–10 Apr, 7–9 Oct, 25 Dec

तेजस्वी / नेतृत्व शक्ति हेतु:- 2–6 Mar,5–13 Aug

आध्यात्मिक / अंतर्ज्ञानी संतान हेतु:-19–25 Jun, 30 Nov, 24–31 Dec

उद्देश्य के अनुसार गर्भधारण के उत्तम दिन

बुद्धिमान संतान हेतु:-22–23 Feb, 20–24 May, 24–30 Sep

धार्मिक / संस्कारी संतान हेतु:-19–27 Feb, 18–25 Jun, 30 Nov, 24–31 Dec

! सबसे ज़रूरी चेतावनी

"Exact date" ≠ "Final best muhurta"

क्योंकि अंतिम श्रेष्ठ मुहूर्त जो तय होता है उसमे निम्लिखित बातों का ध्यान रखा जाता है :उस दिन कौन सी तिथि है , नक्षत्र कौन सा है ,राहुकाल, भद्रा, चंद्रबल, ताराबल,उस रात का लग्न, पत्नी का गर्भधारण का उच्च गुणवत्ता वाला समय , कुंडली में ग्रह दशा, गोचर में ग्रह स्थिति, पंचक, गण्डमूल, मासिक धर्म आदि !

अध्याय - 27

गर्भधारण से पहले की चेक लिस्ट

✓ गर्भधारण से पहले चेकलिस्ट:

- मानसिक रूप से शांत हैं
- आपसी संबंध मधुर हैं
- सही मुहूर्त चुना गया है
- वातावरण स्वच्छ और शांत है
- कोई तनाव या क्रोध नहीं है
- सात्विक भोजन लिया गया है
- शरीर निरोगी है
- इच्छित संतान व स्थान का चुनाव कर लिया है

✓ गर्भधारण के सही मुहूर्त चेकलिस्ट:

- सही वर्ष का चुनाव हो गया है
- सही महिना का चुनाव हो गया है
- पक्ष का चुनाव हो गया है
- शुभ तिथि का चुनाव हो गया है
- दिन/वार का चुनाव हो गया है
- शुभ लग्न का चुनाव कर लिया है
- शुभ नक्षत्र चुन लिया है
- रात्री पहर में घडी का समय चुन लिया है

नोट :- जितना संभव हो उनता अच्छा मुहूर्त चुने सारी बातों का विचार करना संभव नहीं हो पाता है !

अध्याय - 28

सामान्य प्रश्न (FAQ)

Q1 . क्या रात का समय जरूरी है?

हाँ, ज्योतिष में रात्रि को अधिक शुभ माना गया है इस समय मन शांत रहता है !

Q2 . क्या बिना मुहूर्त के गर्भधारण गलत है?

नहीं, लेकिन मुहूर्त से बेहतर परिणाम की संभावना बढ़ती है

Q3 . क्या पंचक में गर्भधारण करना सही है?

नहीं, ज्योतिष अनुसार पंचक काल को अशुभ माना जाता है। इस समय गर्भधारण से बचना बेहतर होता है।

Q4 . रात का कौन सा समय सबसे अच्छा होता है?

हाँ, विशेषकर रात 9 बजे से 1 बजे के बीच का समय शांत और सकारात्मक ऊर्जा से भरपूर माना जाता है।

Q5 . कौन से नक्षत्र गर्भधारण के लिए सबसे शुभ होते हैं?

रोहिणी, मृगशिरा, पुष्य, अनुराधा नक्षत्र अत्यंत शुभ माने जाते हैं।

Q6 . क्या अमावस्या या पूर्णिमा में गर्भधारण करना चाहिए?

सामान्यतः इन तिथियों से बचना उचित माना जाता है, विशेषकर अमावस्या।

Q7 . क्या मानसिक स्थिति भी असर डालती है?

हाँ, गर्भधारण के समय मन की स्थिति बहुत महत्वपूर्ण होती है। सकारात्मक और शांत मन सर्वोत्तम माना जाता है।

Q8. क्या ग्रहण के समय गर्भधारण करना ठीक है?

नहीं, सूर्य या चंद्र ग्रहण के समय गर्भधारण से बचना चाहिए।

Q9. क्या हर व्यक्ति के लिए मुहूर्त अलग होता है?

हाँ, व्यक्तिगत कुंडली के अनुसार मुहूर्त बदल सकता है। यह पुस्तक सामान्य मार्गदर्शन देती है।

Q10. क्या गर्भधारण के समय मंत्र का महत्व होता है?

हाँ, मंत्र और सकारात्मक विचार वातावरण को शुद्ध और शांत बनाते हैं।

Q11. क्या दिन में गर्भधारण करना ठीक है?

ज्योतिष के अनुसार गर्भधारण के लिए रात्रि का समय ही शुभ माना जाता है।

Q12. क्या तनाव में गर्भधारण करना ठीक है?

नहीं, तनाव और नकारात्मक भाव से बचना चाहिए। यह भविष्य पर प्रभाव डाल सकता है।

Q13. क्या उम्र का भी प्रभाव पड़ता है?

हाँ, शारीरिक और मानसिक परिपक्वता का प्रभाव अवश्य पड़ता है।

Q14. क्या केवल मुहूर्त ही सब कुछ तय करता है?

नहीं, जीवन में कर्म, संस्कार, जन्म कुंडली और पालन-पोषण भी उतने ही महत्वपूर्ण हैं।

Q15. क्या इस पुस्तक के मुहूर्त 100% सही हैं?

ये मुहूर्त ज्योतिषीय आधार पर दिए गए हैं, लेकिन व्यक्तिगत परिणाम अलग हो सकते हैं।

Q16. गर्भधारण से पहले कितने दिन की तैयारी करनी चाहिए?

कम से कम 2-3 महीने पहले से मानसिक और शारीरिक तैयारी शुरू करनी चाहिए।

Q17. क्या खान-पान का भी प्रभाव होता है?

हाँ, सात्विक और शुद्ध भोजन सकारात्मक ऊर्जा को बढ़ाता है।

Q18. क्या विशेष दिशा (Direction) का महत्व होता है?

कुछ ज्योतिषीय मान्यताओं के अनुसार दिशा का भी प्रभाव माना जाता है।

Q19. क्या रोज़ एक ही समय सही होता है?

नहीं, हर दिन का मुहूर्त अलग होता है।

Q20. क्या यह मुहूर्त सभी के लिए समान रूप से प्रभावी हैं?

ये सामान्य मुहूर्त हैं, व्यक्तिगत कुंडली व स्थानानुसार परिणाम बदल सकते हैं।

Q21. क्या गर्भधारण का मुहूर्त बच्चे की बुद्धि और स्वभाव को प्रभावित करता है?

ज्योतिष के अनुसार, गर्भधारण के समय ग्रहों की स्थिति बच्चे के मानसिक विकास, स्वभाव और जीवन दृष्टि पर प्रभाव डाल सकती है।

Q22. क्या डॉक्टर की सलाह और मुहूर्त को साथ में follow करना चाहिए?

बिल्कुल। चिकित्सा विज्ञान और ज्योतिष दोनों का संतुलन सबसे उत्तम माना जाता है।

Q23. क्या IVF या मेडिकल प्रक्रिया में भी मुहूर्त का महत्व होता है?

हाँ, ज्योतिष में IVF जैसी प्रक्रियाओं के लिए भी शुभ समय चुनने की सलाह दी जाती है।

Q24. क्या गर्भधारण से पहले कुंडली विश्लेषण जरूरी है?

यदि संभव हो तो कुंडली विश्लेषण करना लाभदायक होता है, और गर्भधारण का शुभ वर्ष चुन सकतें हैं !

Q25. क्या ग्रह दोष (जैसे पितृ दोष, मंगल दोष) गर्भधारण को प्रभावित करते हैं?

कुछ ज्योतिषीय मान्यताओं के अनुसार, ऐसे दोष संतान सुख में बाधा डाल सकते हैं।

Q26. क्या गर्भधारण से पहले कोई उपाय करना चाहिए?

हाँ, जैसे:पूजा-पाठ, दान, मंत्र जाप, गुरु मन्त्र का जाप, पितृ देव/ कुलदेवी / इष्ट देव का पूजा करना चाहिए !

ये मानसिक और आध्यात्मिक रूप से सहायक होते हैं।

Q27. क्या कोई विशेष दिन अधिक शुभ होते हैं?

हाँ, गुरुवार (बृहस्पति) और शुक्रवार (शुक्र) को संतान और सुख से जुड़ा माना जाता है।

Q28. क्या चंद्रमा की स्थिति का विशेष महत्व है?

हाँ, चंद्रमा मन और भावनाओं का कारक है, इसलिए उसकी शुभ स्थिति बहुत महत्वपूर्ण मानी जाती है।

Q29. क्या गर्भधारण के समय का प्रभाव पूरे जीवन पर रहता है?

ज्योतिष के अनुसार, गर्भाधान का समय जीवन की नींव तय करता है, लेकिन पालन-पोषण भी उतना ही महत्वपूर्ण है।

Q30. क्या किसी विशेष योग में गर्भधारण से "विशेष" संतान होती है?

कुछ योग जैसे गुरु-शुक्र का शुभ प्रभाव, आधान लग्न, कुंडली में कैसी संतान योग हैं!

Q31. क्या बार-बार मुहूर्त बदलना सही है?

नहीं, अत्यधिक उलझन से बचें। एक सही मुहूर्त चुनकर उसी पर विश्वास रखें।

Q32. क्या गर्भधारण से पहले व्रत या उपवास करना चाहिए?

कुछ लोग आध्यात्मिक शुद्धि के लिए व्रत रखते हैं, लेकिन यह व्यक्तिगत आस्था पर निर्भर करता है।

Q33. क्या गर्भधारण के समय मोबाइल/टीवी आदि से दूरी रखना चाहिए?

हाँ, शांत और सकारात्मक वातावरण बनाना अधिक लाभकारी होता है।

Q34. क्या विशेष रंग या वस्त्र का भी प्रभाव होता है?

हल्के, शांत रंग (सफेद, पीला) सकारात्मक ऊर्जा बढ़ाने वाले माने जाते हैं।

Q35. क्या गर्भधारण के समय स्थान का महत्व है?

हाँ, स्वच्छ, शांत और सुगंधित वातावरण सर्वोत्तम माना जाता है।

Q36. क्या योग या ध्यान करना लाभदायक है?

हाँ, ध्यान और प्राणायाम मानसिक संतुलन और सकारात्मक ऊर्जा बढ़ाते हैं।

Q37. क्या ग्रहों की दशा भी असर डालती है?

हाँ, व्यक्ति की दशा और गोचर भी संतान योग को प्रभावित कर सकते हैं।

Q38. क्या सभी शुभ नक्षत्र हर व्यक्ति के लिए समान होते हैं?

नहीं, व्यक्तिगत कुंडली के अनुसार शुभ-अशुभ बदल सकता है।

Q39. क्या केवल मुहूर्त से ही "आदर्श संतान" संभव है?

नहीं, यह एक सहायक तत्व है—संस्कार, वातावरण और शिक्षा भी उतने ही महत्वपूर्ण हैं।

Q40. क्या यह पुस्तक व्यक्तिगत कुंडली का विकल्प है?

नहीं, यह सामान्य मार्गदर्शन है। व्यक्तिगत मुहूर्त के लिए

विशेषज्ञ से परामर्श करना बेहतर है।

Q41 . क्या पति-पत्नी दोनों का शांत होना जरूरी है?

जी हाँ, दोनों की मानसिक और शारीरिक स्थिति संतुलित होना अत्यंत आवश्यक है।

Q42. क्या गर्भधारण हेतु शुक्ल पक्ष होना जरूरी है?

जी नहीं, दोनों पक्षों से अलग अलग स्वभाव की संतान होती हैं , कृष्ण पक्ष से भी अच्छी संतान संभव है !

Q43. क्या केवल सम दिन में गर्भधारण से ही पुत्र संभव है?

जी नहीं, यह आपके भाग्य/कुंडली में संतान योग पर निर्भर करता है !

"प्रत्येक बिंदु की गहन
एवं
विस्तृत जानकारी के लिए हमारी आने वाली पुस्तक
'गर्भधारण मुहूर्त चिंतामणि'
का संदर्भ अवश्य लें।"

अध्याय - 29

नियम एवं शर्तें (Terms & Conditions)

इस पुस्तक और इससे संबंधित सेवाओं का उपयोग करने से पहले कृपया निम्नलिखित नियम एवं शर्तों को ध्यानपूर्वक पढ़ें।

1. उपयोग की शर्तें (Usage Terms)

यह पुस्तक केवल शैक्षणिक और मार्गदर्शन उद्देश्यों के लिए प्रदान की गई है।पाठक इस जानकारी का उपयोग अपने व्यक्तिगत विवेक और जिम्मेदारी पर करेंगे।

2. बौद्धिक संपत्ति अधिकार (Intellectual Property)

इस पुस्तक की सभी सामग्री (टेक्स्ट, डिज़ाइन, टेबल, डेटा) सुशील कुमार की बौद्धिक संपत्ति है।

बिना लिखित अनुमति के:कॉपी करना, पुनः प्रकाशित करना, बेचने या वितरित करना, पूर्णतः प्रतिबंधित है।

3. ज्योतिषीय जानकारी-पुस्तक में दी गई सभी जानकारी पारंपरिक ज्योतिषीय मान्यताओं पर आधारित है।

इसे किसी भी प्रकार की वैज्ञानिक या निश्चित भविष्यवाणी के रूप में नहीं लिया जाना चाहिए।

4. व्यक्तिगत परिणाम (Individual Results)-हर व्यक्ति की कुंडली, स्वास्थ्य, और परिस्थितियाँ अलग होती हैं।

इसलिए परिणाम व्यक्ति-विशेष के अनुसार भिन्न हो सकते हैं।

5. चिकित्सा अस्वीकरण (Medical Clause)

यह पुस्तक किसी भी प्रकार की चिकित्सा सलाह का विकल्प नहीं है।किसी भी स्वास्थ्य या गर्भधारण संबंधी निर्णय से पहले योग्य डॉक्टर से परामर्श आवश्यक है।

6. दायित्व सीमा (Limitation of Liability)

लेखक या प्रकाशक इस पुस्तक की जानकारी के उपयोग से उत्पन्न किसी भी:हानि, नुकसान, गलत निर्णय के लिए उत्तरदायी नहीं होंगे।

7. संशोधन का अधिकार (Right to Modify):-

लेखक सुशील कुमार बिना पूर्व सूचना के किसी भी समय: सामग्री, सेवाओं या शर्तों में परिवर्तन कर सकतें है।

8. स्वीकार्यता (Acceptance)

इस पुस्तक या सेवा का उपयोग करने का अर्थ है कि आप इन सभी नियमों और शर्तों को स्वीकार करते हैं।

ज्योतिष आचार्य :- सुशील कुमार
whatsapp:- +91-9899805834
gmail:-sushilnirman@gmail.com

www.ingramcontent.com/pod-product-compliance
Lightning Source LLC
LaVergne TN
LVHW090414210926
848480LV00002B/561
* 9 7 9 8 9 0 4 7 9 7 1 6 4 *